编委会

建设行业工匠精神和职业素养学习手册

周艳冬　吴承霞　许　可　主编

河南大学出版社
HENAN UNIVERSITY PRESS
·郑州·

图书在版编目（CIP）数据

建设行业工匠精神和职业素养学习手册 / 周艳冬，吴承霞，许可主编. -- 郑州 : 河南大学出版社，2022.9

ISBN 978-7-5649-5342-3

Ⅰ. ①建… Ⅱ. ①周… ②吴… ③许… Ⅲ. ①建筑业－职业道德－中国－手册 Ⅳ. ①F426.9-62

中国版本图书馆CIP数据核字(2022)第178178号

责任编辑　任湘蕊
责任校对　时　娇
封面设计　郭　灿
内文插图　赵启航

出版发行　河南大学出版社
地址：郑州市郑东新区商务外环中华大厦2401号
邮编：450046　　电话：0371-86059701（营销部）
网址：hupress.henu.edu.cn

排　　版　河南大学出版社设计排版部
印　　刷　河南瑞之光印刷股份有限公司
版　　次　2022年9月第1版　　印　　次　2022年9月第1次印刷
开　　本　710 mm × 1010 mm 1/16　　印　　张　12
字　　数　154千字　　定　　价　35.00元

前　言

2017年，国务院印发《新时期产业工人队伍建设改革方案》强调，大力弘扬劳模精神、劳动精神、工匠精神，引导产业工人爱岗敬业，甘于奉献，培育健康文明、昂扬向上的职工文化。同年，习近平总书记在党的十九大报告中强调，建设知识型、技能型、创新型劳动者大军，弘扬劳模精神和工匠精神，营造劳动光荣的社会风尚和精益求精的敬业风气。由此可见，工匠精神对于劳动者素质提升、公民道德建设、劳动教育等都有着重大的战略价值和时代意义。

本书以提高建设行业劳动者素质、维护劳动者合法权益，助推我国从建筑大国向建筑强国的完美跨越为出发点，紧贴国家职业技能标准和企业工作岗位技能要求，以培养符合建设行业需求的中、高级技术工人为目标，编写内容主要包括工匠精神、职业道德、法律常识和安全知识四个部分。

在编写风格上，本书采用“案例＋插画”的方式，把大国工匠的人物故事和工程建设的鲜活案例通俗易懂地表现出来，引导建设行业产业工人做一个好的建设者，以更加积极的姿态投身于新时代中国特色社会主义建设。也期望本书能对我国建设行业劳动教育的开展、职工素质工程的推进、职工文化的建设等，有一定的参考价值。

本书可以作为技工院校、职业院校、职业培训机构、企业培训中心等教育培训机构和行业企业开展职业技能培训的教学用书和参考资料。

本书在编写过程中，引用了一些专家学者的资料文献，如有不妥之处，敬请作者与编委会取得联系，以便妥善处理。

本书编委会

2022年8月

目 录

第一篇 建设行业工匠精神

第二篇　建设行业职业道德

第三篇　建设行业法律常识

第四篇 建设行业安全知识

第一篇 建设行业工匠精神

劳动者素质对一个国家、一个民族发展至关重要。技术工人队伍是支撑中国制造、中国创造的重要基础，对推动经济高质量发展具有重要作用。要健全技能人才培养、使用、评价、激励制度，大力发展技工教育，大规模开展职业技能培训，加快培养大批高素质劳动者和技术技能人才。要在全社会弘扬精益求精的工匠精神，激励广大青年走技能成才、技能报国之路。

——2019 年 9 月，习近平总书记对我国技能选手在第 45 届世界技能大赛上取得佳绩的重要指示

第一节 工匠精神

工匠精神的基础是工匠，工匠精神的实质在精神。工匠精神不仅经历了漫长的历史发展过程，而且有着特殊的社会历史定位，更有着丰富的文化内涵。

一、工匠的由来

工，巧饰也。匠，木工也。工匠者，乃精雕细琢之人。工匠就是有某

方面熟练技能且技艺高超的手艺人，也就是我们常说的能工巧匠的简称。

中国古代的建筑匠师和工官制度密切相关，主管营建工程的官吏被称为匠人。汉代阳城延，北魏李冲、蒋少游，隋代宇文恺，唐代阎立德等都是著名的建筑匠师，其中宋代的将作监李诫因编修《营造法式》而尤为著名。这些工官多因工巧，或因久任而善于钻研，所以能精通专业，胜任职事。专业匠师，唐宋时称都料匠。宋代都料匠喻皓曾著《木经》行于世。明代专业匠师中有不少人后来升任主管工程的高级官吏，如郭文英以作头官至工部右侍郎，蒯祥以木工首官至工部左侍郎，徐杲以普通工匠而官至工部尚书。清代还出现了匠师世家，如“样式雷”一门七代掌管宫廷营建，“山子张”长期主持皇家园林造园叠山等。

两只勤劳手，一颗细腻心。从延绵万里的长城，到历经千年的赵州桥，再到宏伟秀美的古塔古桥，五千年灿烂文明的中国建筑史上，能工巧匠辈出。今天，要实现中华民族伟大复兴的中国梦，更需要传承和发扬工匠精神。

延伸阅读

长城

为抵御外敌侵略，古人修筑了长城。长城自春秋战国开始修建，又经过历代不断加固和增修。其中明代修建的长城（简称明长城）是中国历史上修筑规模最大、历时最长、工程最坚固、设备最完善、完整保留至今的一道长城，是中国悠久历史的见证。明长城的主体是城墙，多建筑在蜿蜒曲折的山脉上，城墙宽约 10 米，高约 12 米，东起鸭绿江，西抵嘉峪关，全长逾 7000 千米，一般相距约 100 米就建有城墙敌楼。敌楼有空心与实心两种，既有瞭望之用又兼击射之功。城墙上还筑有齿形雉堞，用作掩护。万里长城是世界建筑史上的一个奇迹，被誉为世界第七大奇迹。万里长城这样庞大而艰巨的工程，反映了当时测量、规划设计、建筑和工程管理的高超水平，表现了中华民族的雄伟气魄和聪明才智，凝聚着古代劳动人民的血汗和智慧，不仅是中国人民的骄傲，也是世界文明的宝贵遗产。

开封铁塔

在我国历史上出现过许许多多造塔能手，喻皓就是其中一位。北宋初年，太宗皇帝在汴京（今开封）大兴土木，广建佛寺，喻皓应诏来到了这里。989 年，开宝寺福胜塔（后更名为“灵感塔”）建成，被喻皓预测能有 700 年寿命，但因为是木结构塔，不幸在 1044 年遭雷击燃烧而化为灰烬。1049 年，在开宝寺内，仿造灵感塔式样又修了一座琉璃塔。塔高 55.88 米，八角十三层，因此塔以红褐色琉璃瓦覆盖，远看似铁，故 900 多年来一直被称为“开封铁塔”。1841 年，黄河大泛滥，水漫开封，寺沉水底，只有铁塔孑然而立，巍然不倒。1938 年 6 月 5 日，侵华日军以铁塔为目标发动猛烈的炮火袭击，塔身中弹七八十发，塔身北侧遍体鳞伤，第八、九层被打穿了外壁，留下了两个 2 米大的深洞。而铁塔渗透着中原人的铮铮铁骨，像一位威武不屈的战士，时至今日仍巍然屹立在古城大地。[1]

从古至今，我国劳动人民勤劳智慧、匠人辈出。新中国成立以来，特别是改革开放以来，祖国建设一日千里，建筑事业蓬勃发展，涌现出了许许多多建设工匠。他们都是平凡的劳动者，在平凡的岗位上展现了大国工匠的气质。从昔日的小木匠到中央政治局常委的李瑞环，从曾经的钢筋工

[1]　参见洪涛、冯聪英图，朱抗编《古代建筑的故事》，朝华出版社，2018，第 10-14 页。

到首都副市长的张百发，都是建设行业的传奇人物。张百发曾有个口号：“身为钢筋工，各行都精通，学成多面手，干活不窝工。”

近年来，我国越来越重视工匠的培育，一批批大国工匠不断涌现。党的十九大报告中提出要“建设知识型、技能型、创新型劳动者大军，弘扬劳模精神和工匠精神，营造劳动光荣的社会风尚和精益求精的敬业风气”。李克强总理在会见第 44 届世界技能大赛中国选手时指出：“我们要让工匠精神渗入每件产品、每道工序，‘差不多就行’的心态要不得，以工匠精神支撑企业家精神，支撑制造强国建设。”

当前，我国社会主义现代化建设迈入一个新的阶段，我国正在从制造大国向制造强国转变，由建筑大国向建筑强国转变，大数据、装配式建筑、BIM（建筑信息模型）技术等加速了建设行业的转型升级。这背后不仅需要技术的持续进步、企业管理水平的提升，更需要对员工的职业精神进行培育和升华，而工匠精神正是职业精神升华的一个重要体现。

二、工匠精神的内涵

2020 年 11 月 24 日，习近平总书记在全国劳动模范和先进工作者表彰大会上，第一次全面阐述了工匠精神的主要内容，即执着专注、精益求精、一丝不苟、追求卓越。执着专注是工匠的本分，精益求精是工匠的追求，一丝不苟是工匠的作风，追求卓越是工匠的使命。

当今社会，工匠精神更是一种职业精神，它是职业道德、职业能力、职业品质的体现，是从业者的一种职业价值取向和行为表现。工匠精神需要人们树立对工作执着热爱的态度，对所做的工作、所生产的产品精益求精、精雕细琢。建设行业是最能体现工匠精神的行业，而工匠精神对建设行业提高工程品质、促进行业健康发展至关重要。

具体来说，工匠精神的内涵包括敬业、精益、专注和创新等方面。

（一）敬业

敬业是从业者基于对职业的热爱和敬畏而形成的一种专心致力于工作的职业精神状态。在工作中，从业者应具有强烈的事业心、专业的工作态度、积极的进取意识，能自觉地调整自己的行为，利用各种资源使工作成果最大化，从而使自身的行为符合职业的要求和企业发展的需求。这也是成为大国工匠的基础条件。

敬业的内涵可以细分为恪尽职守与爱岗奉献。

1. 恪尽职守

恪尽职守，又称职责意识，是指员工要谨慎认真地做好本职工作。它是敬业的基础，是员工对自己的工作岗位负责，对他人、对企业承担责任和履行义务的自觉态度。

恪尽职守是永恒的职业道德。在工作中，不能恪尽职守的员工是不合格的员工。一家企业，如果员工在工作中普遍缺乏职责意识，即便企业其他方面再优秀，也早晚要遭受重大挫折。俗话说，“在其位，谋其职”，这是对员工职责意识的高度总结。但在现实中，很多员工对于自己在工作中的敷衍了事总是振振有词：“我其实并不喜欢这个工作”“这不关我的事”“下班时间到了”等等，殊不知，正是因为缺乏恪尽职守的职业精神，他们才无法成为技艺高超的工匠。而真正的工匠则恰恰相反，往往视职责为使命，哪怕身处的岗位再平凡，他们也会集中精力把自己的工作做到最好。

延伸阅读

常涛：中原城乡建设大工匠

常涛，安阳城乡水务集团有限公司110抢修队队长，凭着对供水服务工作的无限热爱，脚踏实地，恪尽职守，努力提高技能水平，积极革新工艺技术，由一名普通的供水管道工成长为技术娴熟、服务热忱的维修骨干。

在数九寒天的一次消防栓冒水事故中，常涛挺身而出，毅然脱掉衣服，仅穿着一条短裤跳入2米多深充满冰水的阀门井。水下能见度极低，且阀门因生锈而难以转动，他只能猛吸一口气憋住，然后潜入水下关闭阀门，在气用尽后再浮上来换气，然后又一个猛子潜下水关阀门。终于，经过四次潜水，近10分钟的水下作业，阀门关住了，水止住了，而常涛却嘴唇发青，浑身发抖，已经几乎没有力气爬出井坑了。

常涛在工作中反复试验，创新发明了采用球墨大头哈夫节在不停水的情况下快速维修玻璃钢管漏水的方法，不仅大大降低了维修成本，更显著缩短了维修停水时间，最大可能地减少了对用户的影响。

2. 爱岗奉献

爱岗奉献是敬业的题中之义，是指员工热爱自己的岗位，能够在企业与团队整体利益攸关的时刻，为了保证企业整体战略目标的实现，不计较，甚至牺牲个人利益，并能够兢兢业业、任劳任怨地完成工作。

对这一点，可以从以下几个方面进行理解。

（1）热爱工作

工匠精神是一种热爱工作的职业精神。当我们热爱自己的工作时，就会在工作上少一些计较、多一些奉献，少一些抱怨、多一些责任，少一些懒惰、多一些上进，享受工作带来的快乐和充实。

快乐工作——要学会在工作中找乐趣。梁启超先生认为，凡是职业都是有趣味的，只要肯继续做下去，趣味自然会发生。在工作中学会技能，甚至是绝技，有了丰富的经验，不知不觉中就会得到很多乐趣。

感恩工作——怀着一颗感恩的心去把自己的工作做好，就会有更大的价值提升空间。只有真正懂得感恩的员工才会发现 “不是工作需要我，而是我需要工作”，才会以平和的心态去愉悦地工作。

（2）忠诚事业

忠诚指对国家、事业、团队等尽心尽力。爱岗敬业的员工必然忠诚于企业，忠诚于团队。

忠诚于企业，受益的是自己。热爱自己的岗位，在心中存有崇高的使命感和强烈的忠于企业的愿望，这种愿望让自己和团队的目标高度一致。做事尽职尽责，善始善终，一丝不苟，从来不找任何借口，不推卸责任，能够与企业同呼吸，共命运。忠诚于团队也是爱岗敬业的重要体现，它体现为认同团队，善于合作分享，与团队共同成长。

大部分员工每天都在重复着平凡的工作。因此，有的员工认为自己很渺小，没有惊天动地的伟绩，也没有值得赞扬的大功大德，自己的所作所为对企业来说不足挂齿。其实不然，忠诚没有等级，与职位和工作没有关系，每一个员工都是企业的形象代表，都是企业价值的传递者。只要把工作当作事业去做，就能超越平凡，为岗位赋予无限的活力，给企业创造巨大的价值。

（3）乐于奉献

奉献精神是一种爱，是对自己事业的不求回报的爱和全身心的付出。无论在什么岗位，无论从事什么样的工作，只有做出了贡献，才能体现出自己的价值。

具备工匠精神的人热爱自己的工作，“干一行爱一行”。工匠的敬业意识源于对事业的激情，具备工匠精神的人总是坚信自己的工作对他人对社会有很多益处，因此他们在忙碌中能始终保持一颗快乐的心。

延伸阅读

黄久生：穷则独善其身，达则兼济天下

黄久生，河南省信阳市潢川县人，先后荣获全国劳动模范、全国道德模范、全国优秀共产党员等称号，是党的十八大、十九大代表，第十三届全国人大代表。

黄久生自幼家境贫寒，18岁只身前往郑州谋生。从推车运土、搬砖提灰的小工干起，逐步成长为组长、班长、队长和中建七局项目经理。带出了一支能征善战的农民工建筑队伍，建成了一个个精

品工程，两次问鼎鲁班奖。

吃“百家饭”长大的黄久生致富不忘本，常怀报恩心。从1996年起，黄久生每年都会为家乡孤寡老人送去慰问，成为700多位老人“共同的儿子”。他还捐资在家乡双柳树镇建起了一所敬老院，入院的孤寡老人，除国家发给的补贴外，其他费用全部由黄久生个人承担，包括养老送终，目前已累计投入800多万元。

2003年的非典、2008年的汶川地震和自2020年起肆虐至今的新冠肺炎疫情，每当国家和民族有危难，都有他四处奔忙、捐赠支援的身影。

黄久生穷则独善其身，达则兼济天下，生动诠释了爱岗成才、利他奉献的精神内涵，树立了一种道德境界的标杆，必将鼓舞更多的人把助人当作快乐，把爱岗奉献作为幸福。

（二）精益

精益是指从业者在生产产品时精益求精、追求极致的一种职业品质。所谓精益求精，是指力求技术、产品等更加精美。那些能够基业长青的企业，靠的就是员工精益求精的工作态度。

精益是工匠精神的核心。在工作实践中，要想实现精益求精就必须做到在执行上关注细节，在态度上追求完美。在执行中，有了对细节的关注，才可能有精致的产品。在态度上，工匠精神强调对完美的坚持和不懈追求。

工匠精神，重要的不在于工匠的方法，而在于一种持续精雕细琢、永不满足、永不妥协、永远跟自己较劲、追求完美的态度。追求完美的态度和关注细节的习惯交互作用，在年复一年、日复一日凝心聚力的操作和实践中会逐步内化为人的精神。

在工作实践中，精益是企业竞争优势的重要来源，它分为关注细节与追求完美两个方面。

1. 关注细节

关注细节是精益精神的重要内涵，是指员工关注事实和细节问题，既考虑全局，又深入了解工作过程中各个环节的关键细节，并对细节问题进行预防和控制，确保成果的完美。

正如老子所说，“天下大事，必作于细”。细节决定成败。正所谓蚁穴溃堤，绝大多数人之所以遭遇意外的灾难多由于对小节的忽视。在工作方法上，关注细节主要体现在始终严格遵循工作规范和质量标准，兢兢业业做事，一板一眼工作，把每个操作要求和工作步骤都落实到位，不投机取巧，不寻求“捷径”，不敷衍了事，不放过任何一个细微之处，确保操作结果符合标准甚至高于标准，没有瑕疵，不留缺憾。在行为习惯上，关注细节的工匠往往严谨务实，善于学习和掌握各种改进细节的方法，并在工作中加以应用，力求尽善尽美，对工作过程中的各个环节进行多角度、全方位的考虑，确保各项计划的严密和准确实施。

延伸阅读

李林：安全的守护者

李林，2019 年中原城乡建设大工匠，中国建筑一局（集团）有限公司华北公司安全总监。他是安全的守护者。万达广场项目施工现场，无论日晒雨淋，你总能看到一个高大的身影在工地上来回穿梭，不停深入现场检查着每个角落的安全隐患。有人曾问他这样一个问题：“工地上有隐患很正常，都是一些很小的事情，对项目生产也造成不了很大的危害，你根本没有必要每天都去看，天天在工地上奔波你不累吗？”李林笑了笑，回答说：“事故源于隐患，隐患源于细节。如果因为一件很小的事情造成了人身伤亡或者别的问题怎么办？”项目安全生产需要全员参与，他常说，只有将“安全”这两个字烙印在每个人的心里，时刻谨记“细节是关键，质量是保证，安全大于天”的理念，才能真正做到“防患于未然”。

李林用自己的行动与无安全事故的实际成效，创造了华北公司旗下20多个项目零事故的伟绩，也诠释了他对安全工作的尽责和热爱。

2. 追求完美

从古至今，杰出的工匠都有一个共同点，就是他们都有某种完美主义倾向，对产品技艺和品质有着极致的要求。

这不仅是一种工作态度，也是一种生活态度和生活方式，更是一种心理模式。在杰出工匠的眼中，做产品并不单单是干一份工作，更是在实践一种生活的方式，在满足一种精神方面的需求。他们已经习惯于把事情做到极致。追求极致的过程就是追求“没有最好，只有更好”的过程，这就是精益求精的最高境界。如果事情没有做到他们心目中的完美程度，他们会寝不安席、食不甘味。以这样的心态来工作，做出来的产品或服务的精细程度就可想而知了。

对于所有人而言，追求完美都是可以在生活、学习和工作中践行的。只要你不满足于现在的状态、现有的成果，努力向着更快、更高、更强、更好的目标去行动、去奋斗，就是走在了追求完美的路上。

延伸阅读

梁智滨：世界技能大赛冠军

2017年，在阿联酋阿布扎比举办的第44届世界技能大赛上，来自我国广东的选手梁智滨以不超过1毫米误差的垂直度、平整度以及清澈的墙面外观和对时间的准确把握，凭借所砌筑的高颜值墙夺得砌筑项目世界冠军。第44届世界技能大赛砌筑项目要求选手在4天22小时内完成三模块的组合体、房屋的山墙以及阿联酋国徽三个砌体的砌筑。比赛有很多关键点，如精确度、美观度，还要测量垂直度、平整度，细节也很重要，砖上铺的砂浆要平滑，砖与砖之间不能溢出砂浆或者有太明显的痕迹，颜值越高，分数就越高。在训练的两年间，梁智滨日日夜夜磨炼砌筑基本功，不断重复去改进作品，努力追求高质量和零误差，训练的墙体砌了又拆，拆了再砌，累计砌了350堵墙，至少铲了20万次砂浆。为了不影响砌筑精确度，梁智滨拒绝戴手套，年纪轻轻，双手却“饱经沧桑”，磨出血泡，结出老茧。正是这样对精度的极致追求、对作品的完美追求，让他在世界技能大赛上大显身手。“对于我们来说，不是在砌墙，而是在创作艺术品……拿到冠军，和他的耐心专注和精益求精是密不可分的，这也是成为大国工匠的必备素质。”他的教练林晓滨如是说。

（三）专注

专注就是专心注意，集中精力去完成一件事，这里是指从业者对自己的工作内容、工作细节耐心、执着、坚持的职业品质。这是无数工匠的共同特质，也是大国工匠所必须具备的优秀品质。专注不是抓着一件事不放，而是在做事时，全身心投入。对于企业员工来说就是倾注全力踏实认真工作，有钻研劲儿和狠劲儿，不左顾右盼，不分心。只有当我们保持专注的态度，我们的专业技能才会不断地得以提升。

不管是在国内还是国外，在自己的领域里做出成就的工匠们都有一种专注精神，他们往往数十年如一日地做一件事，不断地在自己的工作领域里积累优势，最终成为专业领域里的佼佼者。

潜心钻研、锲而不舍是专注的两个方面也是其核心。我们常说一技之长，"一招鲜，吃遍天"，都是指掌握了一定的技能，并潜心钻研，精通它，做事就会得心应手，游刃有余。无论从事什么工种，都应该精通它，从潜心钻研小事、难事做起，下决心钻研并掌握自己职业领域的所有技术，做到比别人更精通。只有具有潜心钻研、锲而不舍的精神，才能在平凡的工作中锤炼自己的才干，施展自己的抱负，实现自己的价值。如果你通过潜心钻研成为工作方面的行家里手，就具有了工匠精神的特质，也就拥有了成功的秘密武器。

俗话说，"术业有专攻"，一旦选定行业，就一门心思扎根下去，心无旁骛，不轻易放弃。其实，在中国早就有"艺痴者技必良"的说法。古代工匠大多穷其一生只专注于做一件事或几件内容相近的事。

1. 潜心钻研

潜心钻研是专注的表现形式之一，也是工匠精神的表现之一。"潜心"就是指要远离浮躁，把心沉下来；"钻研"就是指要肯下一股拙劲儿去干工作、研究工作。

《中庸》里有句话："人一能之，己百之；人十能之，己千之。果能此道矣，虽愚必明，虽柔必强。"意思是说，做一件事情，别人用一分的努力，自己用百分的努力；别人用百分的努力，自己就用千分的努力。如果真的能这样坚持下去，即使愚笨也能变得聪明，即使柔弱也能变得刚强。

（1）潜心钻研小事，小事不小

钻研是一种做事的态度，而这种态度的形成并不是一蹴而就的，而是在对一件件日常小事的处理中一点一滴培养起来的。比尔·盖茨曾对他的员工说："工作本身没有贵贱之分，对待工作的态度却有高低之别。"真正靠自己的努力获得成功的人是绝不会看轻小事的。工作无小事，即使再简单的工作，只要潜心钻研，就一定会有很大的收获。

对待工作没有一个好的心态是很难成功的。许多工作往往是由一些琐碎简单的事情构成的，任何一项工作都是有意义的，都是值得人们付出热情的。

（2）潜心钻研难事，难事不难

面对难事，大致会有这么两种人。一种人把难事想象得过于严重，他们或者裹足不前，或者行动缓慢；另一种人则相反，他们敢于挑战难事，并以此为乐。显然，第二种人会拥有更强的执行力，也更容易成功。

任何人都有巨大的潜力，敢于挑战超高难度，会使一个人的潜力得以充分发挥，当潜力充分发挥出来时，再困难的事情也会变得容易起来。

歌德说："无论从事什么样的工作，只要你具备了一颗专注的心，定会有所成就。"专注的人是不会知难而退、停滞不前的。面对困难他们想得更多的是如何解决困难，而不是想那些困难是多么难以跨越，他们会把困难当作一次实现自我超越的契机。

（3）潜心钻研专业，成就卓越

时间和机会不等人。一名员工若总是辗转于不同的行业，他所能积累下来的东西将是非常有限的。一个人即使学富五车，也只有在某一具体的工作中反复操练，才能最终有所成就。相反，很多在学历等方面并不占优势的人反而更能在某一个行业持久地坚持下去并能做出突出的成绩。

在现代科技高度发达、社会分工日益细化的当代，工匠们大多要在更加细分的岗位上钻研自己的技术，练出自己的绝活。这种绝活是机器无法取代的，也是决定产品质量的关键。因此，作为员工，只有潜心钻研某一领域，甚至某一领域的某一方面，才能做到精通和专业。只有聚焦、聚焦、再聚焦，方能从平庸迈向成功和卓越。

延伸阅读

王叔远：明代微雕大师

明代著名微雕大师王叔远有一个著名的微雕作品：桃核舟。他能用直径仅一寸的木头雕刻房屋、器皿、人物以及鸟兽、树木、山石，无不依照事物原来的纹样，模拟那些事物的形状，刻得各具情态，惟妙惟肖。王叔远精湛的雕刻技术令人叹为观止。

据说，王叔远小时候就喜欢拿着小刀在树木、山石上雕刻东西，还时常跑到村北的森林里去，一去就是一整天。那儿是他的天堂，他细心地观察各种鸟兽，把它们刻在树干上、石头上，他刀下的鸟兽栩栩如生，形态各异。他凭借对雕刻的喜爱、自幼钻研的精神，逐步提高技艺，终成一代大师。

2. 锲而不舍

锲而不舍是专注的表现形式之一，也是工匠精神的表现之一。锲而不舍是指干好一件事情要有恒心，有毅力，遇到再大的困难，也坚决不放弃。这个词来自《荀子·劝学》中的“锲而不舍，金石可镂”，意思是只要不停地雕刻，即便再坚硬的金属和石头也能雕刻成功。荀子以此阐明了一个亘古不变的人生哲理，就是人一定要有毅力，有恒心，只有坚持不懈，持之以恒，才能获得成功。

要有明确的目标。目标是人们追求的梦想，是成功的希望。只有带着目标上路的人，才能点燃内心的激情，才能收获人生道路上的一粒粒果实，才能成就明天的辉煌。

要有合理的计划。凡事预则立，不预则废。计划是连接目标和行动的桥梁。计划必须从实际出发，符合现实状况，能够贯彻到底，切忌朝令夕改，经常变动。计划应简单明了，重点突出。作为建设行业的从业人员，最好给自己制作一个工作计划表，设计好内容，把一天的工作安排依照重要程度写在表格内，并随身携带，以备自检。

要有坚持到底的决心。有了目标，有了计划，还要有行动，有热情，有坚持到底的恒心。执着、坚定地按照设想的计划朝着目标进发，锲而不舍地坚持下去，不能轻易地改变方向。

无论是企业，还是个人，能将一个正确的选择坚持到底，就是一种智慧；能将一种好的习惯坚持下去，就是一种境界；能将一种优势坚持下去，就会永远立于不败之地。

延伸阅读

王志强：攻坚克难的“智多星”

王志强，2019 年中原城乡建设大工匠，河南四建集团股份有限公司华润电力沧州运东电厂项目项目经理。在 2012 年新疆神火电厂任职项目经理期间，为了在保证质量和安全的情况下最大限度地节约成本，王志强牵头成立了课题攻关小组，攻关混凝土输送泵的一机两用问题，经过无数次的试验和失败，终于不负众望，研发出合理高效的混凝土输送泵一机两用转换器，这一发明有效缩短了施工间歇时间，提高了浇筑效率，节约了施工成本，为项目和公司都带来了很大的利润。他经常鼓励大家："只要思想不滑坡，办法总比问题多！"正是带着这种锲而不舍的精神，不管是在冰天雪地的新疆山区，还是在飞沙走石的内蒙古大地，他都留下了拼搏奋战的身影。

（四）创新

创新是指从业者在自己的工作岗位上追求突破、追求革新的职业品质。它是工匠精神的重要特质，通常也是从业者在具备敬业、精益、专注精神之后自然具备的一种个人能力。从古至今，凡是称得上大国工匠的人，基本上都有自己在专业领域内的创新创造，当然他们也是科技进步的重要推动力量。

不断进取的创新精神是新时代工匠精神的内涵之一，甚至可以说是新时代工匠精神的灵魂。新时代的工匠精神强调在继承的基础上创新，因为只有在继承基础上的创新，才能跟上时代前进的步伐，推动产品的升级换代，以满足社会发展和人们日益增长的美好生活需要。有无创新进取精神，是判断一个工人能否成为新时代工匠的一个重要标准。

创新进取首先要做到革故鼎新，也就是勇于去掉旧的，建立新的，随后还要做到进无止境，也就是不断地去创新，去创造更大的空间。在这个过程中，需要员工具有创新思维、创新能力，不断突破，持续精进。作为企业发展的智慧源泉，员工有责任要求自己在工作中融入创新元素，从而更为出色地完成任务。企业都喜欢具有创造力的、善于创新的员工，因为只有这样的员工才能创造骄人的业绩，才能为企业创造更高的价值。

1. 革故鼎新

革故鼎新指去除旧的，建立新的，是创新精神最重要的表现形式之一，也是工匠精神的表现之一。

对于杰出的员工来说，优异的技术能力总是与创新相伴而行的。他们学习专业技能时，绝不会被既有的技艺约束。面对实际操作中遇到的各种问题，他们不会回避，不会退缩，而是将其看成提升自己技能水平、不断进取发展的良机。为此，他们研究问题的症结，思忖解决的对策，革新技能，反复实践，直到问题得到圆满解决。若想革故鼎新，必须具有创新思维和创新能力。

（1）创新思维

创新思维，是指以新颖、独特、别出心裁的方法解决问题的思维过程。创新思维通常能突破常规思维的界限，运用超常规或者反常规的方法和视角等去思考与解决问题，进而产生有普遍社会意义的思维成果。

创新思维是人类最高级别、最复杂的精神活动，凭借创新思维，人类不断地认识世界和改造世界，并创造了无数物质文明和精神文明成果。创新思维的特征主要体现在其对传统的突破性、思路上的新颖性、程序上的非逻辑性、视角上的灵活性和内容上的综合性等方面。

（2）创新能力

创新能力，是一种综合运用各项技术和方法，为各种实践活动领域不断提供具有经济价值、社会价值及生态价值的新思想、新理论、新方法和新发明的能力。

一般来说，创新能力是个体大脑思维能力和社会实践能力的综合体现。因此可以说，创新能力是人们知识、智能因素和非智力因素的总和。

在创新能力构成要素中，一般的知识和经验为创新能力提供基础，而特殊领域的专业知识、创造学知识则直接影响创新能力的高低，并在很大程度上决定着个体的认知能力、解决实际问题能力的高低。

创造性思维能力，是人们在进行创造性思维时的心理活动水平，是创新能力的实质和核心，主要包括发散思维能力和形象思维能力等。要通过培养自己的学习能力、信息处理能力、非智力因素等来实现个人创新能力的提升。

延伸阅读

李春：世界建筑史上第一位桥梁专家

隋朝著名的石匠李春在建造赵州桥（也称安济桥）时，做了充分的准备。他首先对洨河流域进行实地调查，经过长途跋涉，李春用了半个多月的时间找到了洨河的源头，沿途考察了洨河的河床，掌握了洨河各方面的特点，并访问一些石匠，了解他们以前建桥失败的教训。他结合了解到的所有情况，对这座桥的造法进行了精心设计，大胆提出了“空撞券桥”（半圆的桥洞、门洞之类的建筑叫“券”，券的两肩叫“撞”）的设想。在券的两肩上造两个小券，这些券都被制成小于半圆的弧。这样做的好处是：首先，在洪水季节，河里水位猛涨，流量很大，一部分水可以从小券通过，减轻对桥体的冲击，保证石桥的安全；其次，可以节省石料，减轻桥的重量；最后，使桥外观轻巧、对称。这样的设计充分表现出李春非凡的智慧和卓越的创造才能。正式动工时，李春组织了大批年轻力壮的石匠凿石，在每块拱石的两侧都凿出有规则的斜纹，使拱石拼砌后紧密牢固。李春还请来铁匠，锻造一些“腰铁”和“铁拉杆”，把各个券的石块连接得更加结实。

赵州桥让世界为之惊叹，它是我国古代劳动人民智慧和工匠精神的结晶，直到现在，还被人们广为传颂。而实现这一切靠的正是李春的大胆设想，对设计的革新创造。

李春和赵州桥

2. 进无止境

进无止境是指在革故鼎新之后，还不断地去创新，去创造更大的空间。

创新是工作的需要，是一种工作方式，是一种工作品质，甚至可以说是一种信仰，是永无止境的。

杰出的工匠不会满足于自己已有的技艺，他们善于在工作实践中不断学习、探索，努力提升自己的知识和技能水平；他们敢于质疑现状，尝试新知，突破自己，在竞争中为自己赢得更为广阔的发展空间；他们不断地为自己设定更高的工作目标，要求自己有更加出色的工作成绩；他们敢于面对挑战，不怕失败，勇于担当，像登山家一样，永远向着更高更险的山峰攀登，在奋斗的过程中实现自身的价值。心有多大，舞台就有多大。

延伸阅读

詹天佑：中国铁路之父

被誉为“中国铁路之父”的詹天佑主持修建了我国第一条自建铁路——京张铁路。詹天佑为国不计名与利，在国内一无资本、二无技术、三无人才的艰难局面下，满怀爱国热情，受命修建京张铁路。在南口至八达岭一段，地势险峻，难度罕见。詹天佑采取南北两头同时向隧道中间点凿进的方法，但隧道实在太长，后又在中部开凿两个直井，分别可以向相反方向进行开凿，如此就有六个工作面可同时进行作业。又由于山势陡峭，他运用“折返线”原理，修筑“之”字形线路降低爬坡度，并利用两头拉车交叉行进。为预防车厢出轨，他将自动挂钩加在每节车厢，使之结合成一个牢固的整体，确保爬坡时的安全。

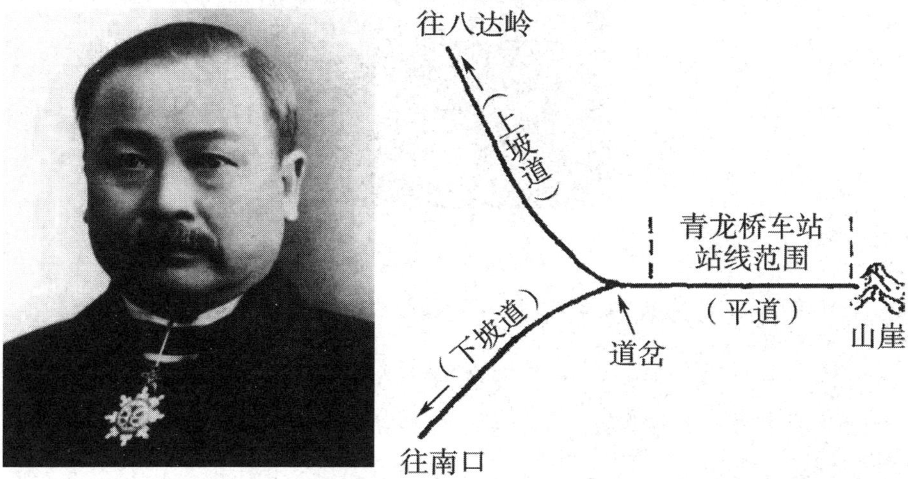

詹天佑和京张铁路“之”字形线路

在修建铁路时，詹天佑不断地革新、创新。詹天佑精神是中华民族的一座精神丰碑，也是对工匠精神的完美诠释。作为新时代的建筑工人，我们心灵深处要永远树立起这座丰碑。

詹天佑大奖

中国土木工程詹天佑奖，简称詹天佑大奖，由中国土木工程学会和北京詹天佑土木工程科学技术发展基金会联合设立，是中华人民共和国住房和城乡建设部认定的全国建设系统工程奖励项目之一、中华人民共和国科技部首批核准的科技奖励项目，也是中国土木工程领域工程建设项目科技创新的最高荣誉奖。

詹天佑大奖奖杯

中国土木工程詹天佑奖于1999年设立，每两年评选一届，主要授予在科技创新（尤其是自主创新）和科技应用方面成绩显著的优秀土木工程建设项目。其主要目的是推动土木工程建设领域的科技创新活动，促进土木工程建设的科技进步。因此，该奖又被称为建筑业的科技创新工程奖。

可以说，敬业、精益、专注、创新的工匠精神是我们成长的追求。一个人走上工匠这条路，在未来是大有可为的，前途也是光明的。

工匠精神是企业发展的重要助力，一个企业要想制造出高质量的产品，势必需要大量的高素质工匠型员工；工匠精神更是国家发展的动力，对推动我国由制造大国转变为制造强国，将起到无可比拟的作用。

三、如何践行工匠精神

21 世纪，伴随着互联网、人工智能等新技术的发展，伴随着中国特色社会主义新时代的到来，“建筑工匠”的定义和内涵也产生了新的变化。它不仅指传统的手工匠人，还代表了新时代通过终身职业教育培养的众多高技能人才，更包括了诸多走在时代前沿的科技专家等。

新型建筑工匠必须善于传承和进一步发扬工匠精神。时代发展需要工匠精神，企业发展和个人的成长也需要这样的精神。员工在新时代弘扬和践行工匠精神不仅要深入把握其内涵，与自身对照，不断调整自己的职业价值取向和行为表现，还要把握新时代对产业工人的新要求，了解建设行业的新材料、新技术、新工艺、新规范，掌握绿色建筑、节能建筑、低碳建筑、装配式建筑、BIM 技术等在建筑工程中的应用，学会看施工图，善于利用新环境科学制定新目标，不断提升新技能，踏上中国特色社会主义建设的新征程。

我们学习和弘扬工匠精神的主要目的，就是通过践行工匠精神，成为更好的自己，最终成为专业领域内或行业内的工匠人才。但践行工匠精神不是一件容易的事情，主要应该从以下几个方面入手。

一是要继承传统工匠的优秀品质。工匠视技术为艺术，既尊重客观规律又敢于创新与变革，不管是钢筋、模板、焊接还是测量等工种，大家都要掌握一门手艺，并将其发扬光大，在擅长的领域成为专业精神的代表。要善于继承传统工匠的优秀品质，做到专业、敬业。

二是要重视精神培养，发现、发扬新时代工匠精神。做一个有心人，与时俱进，既学习时代楷模，又发现身边的岗位典型和劳动模范，主动向劳模看齐，向工匠楷模学习。

三是要重视学习能力培养，跟上时代发展的步伐。培养自我学习的能力，努力提高持续学习的能力，提高对终身职业技能培训的重视，在自己的岗位上发挥特长，努力钻研，学习建设行业的前沿科学知识，保持学习的兴趣。

技能成就梦想，知识改变人生。努力提高技术技能，成为新型工匠，只有努力学习技术，刻苦钻研，日复一日践行工匠精神，才能践行“技能成就梦想”的响亮口号。努力向高技能人才学习，通过技术发展和创新去回报企业和国家对自己的培养，实现自己的人生梦想。

良好的环境是建筑工匠养成的沃土。现在的时代是中国发展最好的时代，“高质量发展”成为经济社会发展的关键词，经济的转型升级呼唤大量高素质技术人才。建设行业需要大批行业技术工人和行家里手。当前，党中央、国务院围绕实施科教兴国、人才强国、创新驱动发展战略，把加强技能人才队伍建设作为一项战略任务，相继出台了一系列政策措施，在弘扬工匠精神、培育大国工匠方面取得了良好的社会效果。在新形势、新要求、新制造下，只要我们自觉提高自我的参与意识，激发自我的积极主动性，定能向着大国工匠的目标大步前进。

中国梦是中华民族的梦，也是每一个中国人的梦。匠心筑梦需要每一名劳动者把实现国家之梦、民族之梦作为自己的理想，将自己的岗位变成舞台，将自己的劳动变成创造，在技能报国的理想追求中，塑造自己的精彩人生。

作为千百万劳动者大军中的一员，作为新时代社会主义的建设者，作为新时期的新型建筑工匠，我们应该不断发扬和积极践行工匠精神，钻研技术，在平凡的岗位上做出不平凡的业绩，用工匠精神铸就职业巅峰，在国家的快速发展中实现自己的人生梦想。在钻研新技术、掌握新技能、创造新业绩的工匠之路上，书写属于自己、属于国家、属于这个时代的不朽篇章。

第二节　鲁班精神

鲁班，中国古代建筑工匠，相传姓公输，名般。因为他是春秋时期鲁国人，“般”与“班”同音，所以后人称他为鲁班。

鲁班之名在神州大地上家喻户晓，千百年来一直被人们传颂，历代工匠尊称他为鲁班仙师、公输先师、巧圣先师、鲁班爷、鲁班公、鲁班圣祖、鲁班祖师等。

鲁班凭什么能够成为木工制造的“一代祖师”？时隔千年，鲁班给后人留下了丰厚的财富。这些财富绝不仅仅是他的产品和发明，更重要的是他的工匠精神。

如今，鲁班不仅是一个历史人物，同时又是一个被美化、神化的智慧形象，他的名字已经成为一个特定的符号，在美化、神化的过程中衍生出来的鲁班精神，体现了中国社会崇尚智慧、追求精益求精的文化心理。对鲁班工匠精神的推崇，在弘扬优秀文化、鼓励科技创新的今天，更有其积极意义。

鲁班精神是工匠精神的精髓。鲁班精神包括以下内容：吃苦耐劳的精神、勇于实践的精神、锲而不舍的精神和敬业创新的精神。

一、吃苦耐劳的精神

年轻的鲁班告别父母，只身一人千里迢迢来到终南山学艺。上山的小路崎岖陡峭，鲁班没有被吓倒，坚持走到了山顶。山顶上有一间大房子，房子里一位须发皆白的老人正躺在床上睡大觉。鲁班想：这应该就是精通木匠手艺的老神仙了。他静静地等在门外，直到太阳落山，老人才睁开眼睛，问他："一门手艺，有的人三个月就能学会，有的人得三年才能学会。学三个月和学三年，有什么不同？"鲁班想了想才回答："学三个月的，手艺扎根在眼里；学三年的，手艺扎根在心里。"

老人说："向我学艺，就得使用我的家伙，可这些家伙，已经好多年没用了，你拿去修理修理吧。"鲁班撸起袖子在磨刀石上磨起来，他不分昼夜，磨得膀子酸了，两手起满血泡，把又高又厚的磨刀石都磨成了月牙。经过七天七夜的奋战，斧子磨快了，刨子磨光了，凿子有刃了，一件件工具闪闪发亮。[1]

鲁班学艺，不怕吃苦，终于学成。我们弘扬鲁班精神，就是要弘扬他吃苦耐劳的精神。建设行业与一般制造业的最大不同是建筑施工现场一般在室外，受外在客观地理环境条件以及季节气候的制约和影响较大。在国家大型基础建设工程中，桥梁、道路、隧道等公共基础设施的施工一般还远离城市。同时，建设行业具有极强的流动性，使得从业人员居无定所，生活条件艰苦。这要求建设行业一线的技术人员和劳动大军要发扬战天斗

[1] 参见谢小佳编，青葫芦绘《鲁班学艺》，广东人民出版社，2018。

地的积极乐观精神和“踏遍青山人未老”的豪情，在艰苦的环境中锤炼坚强的意志品质，成为一支扎根建设行业的铁军。

二、勇于实践的精神

一天，鲁班上山寻找木材。当他往山上爬时，一不小心，长满老茧的双手被一种名为丝茅草的植物划破了。鲁班感到奇怪，这种叶子为什么这样锋利？便摘下一片叶子仔细观察。他发现这种叶子的两侧是齿状，心里顿时一亮：这样尖锐的小齿既然能把人的手给划破，那按照它的形状做一种工具用来砍伐木料，不就能解决大问题了吗？说干就干，鲁班用斧头将一片竹板砍成齿状，然后在一株小树上锯了几下，果然，树皮很快便被锯开了。但锯了一会儿，竹板上的小齿有的断了、钝了，不能再用。鲁班心想：“如果用铁片代替竹板会不会更好？用铁片制成丝茅草的齿状，让工具既拥有斧头的锋利，又拥有齿状的刀刃，这样不就两全其美了吗？”于是鲁班带上一根丝茅草来到铁匠的家中，请铁匠按照丝茅草的齿状，打造一把带有小齿的“斧头”。就这样，世界上第一根铁质锯条诞生了。之后，鲁班又在锯条上安装了一副木框，增加了使用的方便度，这就是最早的锯子。锯子为木匠们带来了许多方便，也大大促进了社会生产力的发展。

鲁班发明凿是根据仿生学原理，其灵感来自啄木鸟啄榆树。有一天，鲁班看到有一只啄木鸟在自家院子里的榆树上啄虫眼吃虫子，很短的时间内就啄出个洞来。鲁班思考良久，也仿照啄木鸟啄木的原理，把一根铁棍的端磨成斜尖的平面，用来凿洞。而这个带有斜尖平面的铁棍，便是最初的“铁凿”。[1]

[1]　参见杨朝明主编《工圣鲁班》，中国社会科学出版社，2012。

鲁班一生的众多发明创造均来源于实践。鲁班之所以能成为一个伟大的发明家，是因为他在日常生活里很注意对客观事物的观察、研究，他总是从自然现象中得到启发，然后将之用于创造发明。这种善于思考、注重实践的可贵精神，使得鲁班发明了很多新工具，并推动了建造技术的发展，对古代建筑、机械等方面做出了很大的贡献。

弘扬鲁班精神，就是弘扬向实践学习的精神。建筑工地就是一个大课堂，工地的建筑施工机具、建筑材料、施工技术、施工组织与管理方法就是教学内容，工地上各工种工人及技术人员的一言一行、一举一动就是教科书，要善于观察，勤于动脑，并注重学习理论知识。

三、锲而不舍的精神

在鲁班以前，制作平滑木板，都是用刀斧之类工具砍的，这种方法不仅效率低，造出的东西也比较粗糙。即使是鲁班这样手艺高超的木匠，遇到木纹粗或节疤多的木料，也很难做得平滑。在劳动实践中，鲁班不断摸索，发现用比较薄的斧头削砍木料较省力，也容易使木料平滑。于是，他仿照斧头的样子，磨了一把小小的薄铁“斧头”，并在上面盖块铁片，只露出一条窄刃，在木料上一推，果然能把木料表面推得既平整又光滑，但是使用时既卡手又使不上力。后来，鲁班又把它装在木头基座里，这样，下边只露一道窄刀，用木塞子加固。后又制造一个横木把手安上，以便双手推握用力。就这样，世界上第一把“刨子”便诞生了。这一看似并不复杂的工具，对于发明家来说，也不会是一步到位的，而是经过实践不断改进完善的。

弘扬鲁班精神，就是弘扬精密建造、质量第一、锲而不舍的精神。鲁班不仅发明了锯子、刨子、墨斗，还发明了鲁班锁，在卯结构的基础上发明了我国古建木质构件斗拱，并在鲁国宫殿建筑中进行了成功的尝试，形成了华夏古建筑特有的逐层纵横交错叠加的飞檐反宇。

目前，我国建设行业工程质量参差不齐，既有领先世界的鸟巢、水立方、青藏铁路等精品，也有“楼脆脆”“楼歪歪”“桥塌塌”“楼裂裂”等豆腐渣工程，而渗水、沉降等细节质量更是不容乐观。归根结底，不是我们建设行业技不如人，而是缺失守正诚信的职业道德和分工协作的团队合作精神，缺少锲而不舍的工匠精神。建设行业是涉及钢材、木材、水泥、玻璃、五金等 50 多个行业产业的超级大行业，这要求建设行业人员要增强团队协作意识，在各个环节严把质量关，使各个产品符合质量标准，最终才能建造出放心工程、优质工程。同时，由于建设工程所需产品众多，而许多材料产品多隐藏在建设内部，这要求建设行业人员应以诚信为本，坚守职业操守，恪守操作规范，把抹灰、砌筑、电焊、钢筋等每一个技术环节、操作细节都做到极致。

四、敬业创新的精神

古时的木匠们不论做桌子还是板凳，凡是带角的东西都是靠眼估摸着操作，常常做得不方不正，歪歪斜斜。鲁班想，能不能像墨斗里的墨线一样，也有个准绳，去规正带拐角的东西呢？他受妻子做鞋袼褙的启发，造出了会拐直角弯的准绳——L 形矩尺；受母亲测量锅拍的方法启发，发明了圆规。

有了规规矩矩，才有了方方圆圆。后人赞叹：天下自此知规矩，人间从兹行方圆。

长期以来，鲁班一直被土木工匠尊奉为祖师，其实，鲁班不仅是我国古代优秀的土木建筑工匠，还是一个有许多创造的杰出发明家。鲁班有很多发明创造，从日常生活用具矩、锯、凿、刨、墨斗到水仗用的“钩强”、攻城用的云梯，再到古代飞行器“木鸢”。鲁班发明创造的故事，世代相传，光耀千古。他以手工操作为职业，钻研技巧，精益求精，表现出中国劳动者积极进取、勇于创新的精神。

鲁班是一位敬业爱岗、技艺精湛的巧匠，一位极具智慧、善于创造发明的能手，一位热心助人、扶贫济困的好人，一位为人正直、坚守道义的长者，一位钻研技术、开拓创新的实干家，一位充满正能量的先辈。鲁班是中国古代优秀的土木建筑师，他的发明减轻了劳动强度，提高了生产效益。鲁班作为“匠”，怀匠心，巧技制器；作为“师”，严师道，授业解惑，至善育人；作为“圣”，汇圣德，创制垂法，博施济众。

鲁班文化博大精深，内涵丰富，是中华优秀传统文化独特的文化名片，是建设行业的魂与根。为此，我们应当学习鲁班精神，勇于实践，勇于探索，勇于创新。

弘扬鲁班精神，就是弘扬吃苦耐劳的精神、勇于实践的精神、锲而不舍的精神和敬业创新的精神。当今，以发展绿色建筑为方向，以新型建筑工业化为手段的建筑产业现代化也进入新的发展时期，以“标准化设计、工厂化生产、装配化施工、成品化装修、信息化管理、智能化运营”为主要特征的高级产业形态正逐步到来。建设行业将以标准化、产业化生产方式取代传统的农民工手工作业，这需要建筑工人加快步伐，进行科技创新。随着装配式建筑技术、 BIM 技术、虚拟仿真技术、大数据技术、云计算技术、智能化技术等的研发和应用，适合产业现代化的新材料、新工艺、新技术、新装备将会越来越多，建筑工人要逐步了解、掌握这些技术并自主革新。

延伸阅读

鲁班奖

鲁班奖的全称为中国建设工程鲁班奖，是中国为贯彻“百年大计，质量第一”的方针，促进建筑施工企业加强质量管理，推动中国建设工程水平的提高而设立的。这个奖的设立是国家对鲁班精神的充分肯定，是以国家名义对鲁班精神的发扬光大。鲁班奖是 1987 年由原中国建筑业联合会设立的一项国家优质工程奖。鲁班奖的评选对象为中国建筑施工企业在中国境内承包、已经建成并投入使用的各类工程，获奖单位分为主要承建单位和主要参建单位。鲁班奖由中国建筑施工企业自愿申报，工程质量应达到国内一流水平，每年评审一次，两年颁奖一次，对主要承建单位授予鲁班金像和获奖证书。

“京广快速路工程”“郑州黄河公铁两用桥（QL-1 标）”“郑州东站”“郑州市奥林匹克体育中心－体育场”等工程都曾获得过鲁班奖。

鲁班金像

第三节 红旗渠精神

红旗渠位于河南安阳林州（原名林县），地处太行山东麓，河南省的西北角，与山西、河北接壤。林县曾十分贫穷，全县山岭起伏，沟壑纵横，土薄石厚，十年九旱。“光岭秃山头，水缺贵如油，豪门逼租债，穷人日夜愁。”因缺水，林县人民决定于1960年在太行山腰动工修建引漳入林的红旗渠。勤劳勇敢的林县人民苦战10个春秋，仅仅靠着一锤、一铲、两只手，最终在太行山的悬崖峭壁上修成了这条全长2000多千米的红旗渠。条件是艰苦的，任务是艰巨的，但林县人民正是靠着自力更生、艰苦创业的精神，在中国共产党的带领下，筑成了这条被誉为“世界第八大奇迹”的人工天河——红旗渠，从此解决了几十万人的吃饭问题、几十万亩土地的灌溉问题。红旗渠是北方群山上的蜿蜒飘带，更是人类历史上的惊世杰作。

红旗渠

世界上一切事情都是干出来的。红旗渠工程上马的时候，正值我国暂时的经济困难时期，林县人民不等不靠，不向国家要，埋头苦干，自力更生，依靠自己的力量和智慧，开挖隧洞 180 个，架设渡槽 150 座，沿渠建设中、小水库 50 座，塘坝 343 座，总有效库容 1 亿立方米，机井 1400 眼，提灌站 190 座及小水电站 47 座。红旗渠的修建过程，充分体现了自力更生、艰苦奋斗的优良传统，体现了一种不畏艰苦、顽强抗争、奋发向上的精神和气节。

十一届全国人大四次会议期间，习近平总书记在参加河南省代表团审议时指出："红旗渠精神是我们党的性质和宗旨的集中体现，历久弥新，永远不会过时。"

那群穷得手里只有"寸铁"的太行山人，完成了这项伟大的工程。它不光是技术的胜利、工具的胜利，虽然"土法上马"的红旗渠，创造性地发明了适合该工程的独特工具，摸索出了烧石灰、水泥，配制炸药的办法，但它更多的是人的精神上的胜利。在那么艰苦的环境下，林县人民怀着改变生存环境、改变命运的梦想，迎难而上，万众一心，携手并肩，不惧危险，九死一生，为了一个共同的目标而奋勇进击。

红旗渠精神可以概括为：自力更生、艰苦创业、团结协作、无私奉献。

一、自力更生精神

红旗渠修建时期，正是我国物质极为匮乏、经济极其困难的一个时期。林县人民不等不靠，自力更生，艰苦创业，以"重新安排林县河山"的豪迈气概，凭着最简单的工具，修成了千里长渠。

坚持自力更生，不是闭关自守，而是不等不靠。林县缺水，但林县人不是坐以待毙，而是想方设法从县境外引水。红旗渠修建过程中遇到过各种各样的困难，物资又极度匮乏。但林县人宁可苦干，不愿苦熬，走出了一条自力更生、勤俭建渠的发展道路。没有石灰自己烧，没有水泥自己制，没有炸药自己造，不会技术干中学。为了节省资金，民工口粮群众自己筹，修渠工具群众自己带，施工器材群众自己造，杠子折了当锹把，锹把断了当锤把，锤把短了烧火做饭。红旗渠工程总投资 6865.64 万元，其中国家投资占 14.94%，饭都吃不饱的林县人民群众自筹了 85.06%。

红旗渠设计依循中国自古以来的水利工程智慧，在太行山腰依山而建，就地取材，因地制宜，并创造性地采用矿渣加石膏粉混合为水泥，以开山炸石的石料筑成渠堤，建成人工天河。

延伸阅读

自力更生啥都有

当时修建红旗渠的材料主要包括石头、水泥、石灰。花钱去买，代价会非常大。但如果掌握了生产技术，又能控制人力成本的话，价格就会低很多。渠墙、渠底最主要的材料是大大小小的石头，这些石头，不用到别处去买，太行山上多的是。民工在渠线上打好炮眼，炮手装好炸药，得经过很长时间摸索点炮，把炸开的石头挑挑拣拣，合适的留在渠底，其他的抬到一边用来垒渠墙。而红旗渠工程所用的炸药，大部分是林县人自己买来硝酸钾或硝酸铵，配好柴秆、硫黄或锯末、谷糠，碾碎、烘干……黑火药或黄火药就配成了。自己造，投入的主要是原材料和人力成本，花的钱就不会特别多。他们发明了一种"无窑堆烧石灰法"，不需要石灰窑，露天找一片地方，垒层石灰石，夹一层煤，一层一层垒上去，能垒三四米高。封好泥，点火，慢慢烧，七八天过去，就地取材的石头就变成了石灰。

二、艰苦创业精神

红旗渠是在1960年2月动工的，当时正值国家三年困难时期，虽然林县此前也修过一些水库,但对于红旗渠这么大的工程,就显得“三无一少”了:一无技术,二无经验,三无材料，经济物资又短少。不但资金缺乏、物资缺乏，甚至连钢钎、镐头、扁担等简单工具也很缺乏。在这种情况下，工地党委提出了勤俭建渠、艰苦创业的方针：“自力更生是法宝，众人拾柴火焰高，建渠不能靠国家，全靠双手来创造。”

艰苦创业，不是被动地在贫困中挣扎，而是积极进取。穷山恶水的施工环境令人生畏，可是林县人在这里没有捷径可走。既然绕不过去，避不开，他们只能迎难而上，无畏向前。

青年洞是红旗渠的咽喉工程，洞口在金鸡岭下狼牙山悬崖绝壁上，狼牙山全部是绛紫色石英砂石，坚硬如钢，要凿通长616米、宽6.2米、高5米、纵坡坡比1/1500的青年洞，没有大型施工机械，真是难上加难。横水公社300余名青年，勇挑重担，担当起了钻挖青年洞的艰巨任务。他们在岩石上挥毫泼墨：“红军不怕远征难，我们修渠意志坚，为了实现水利化，再苦再累心也甘！”他们乐观豪迈地提出：“石头硬没有我们的决心硬，就是铁山也要挖个窟窿！”他们苦干加巧干，发明了“主攻三角炮”等方法，提高了钻洞速度，日进度由原来的0.3米提高到2米以上。在生活最困难的时期，他们提出：“修自己的渠，流自己的汗，不能靠天靠神仙，渡过困难就是胜利。”靠着17个月坚忍不拔的蚂蚁啃骨头式的苦干硬干，终于在1961年7月15日凿通了青年洞。

红旗渠青年洞

类似的尝试，类似的成功，在将近10年的施工过程中还有很多。面对施工中的一个个困难，他们还设计了空心渡槽、双孔隧道，发明了空中运输线、土罐车、土吊车、土铁轨，创造了明窑烧石灰、自制炸药、大炮爆破等施工方法，不仅提高了工效，保证了工程质量，也节省了大量的人力、物力、财力。这看起来似乎很难理解，不可思议，但它是事实。林县人民在物资匮乏的岁月里，用最简单的工具，用他们自己想出来的土办法，解决了一个又一个难题，创造了一个又一个人间奇迹。它不仅意味着林县的成功、红旗渠的成功，更意味着中国人精神意志的成功。

三、团结协作精神

人们常说“人多力量大”，但人多并不天然意味着力量大，如果不能团结协作，也可能变成人多嘴杂。只有团结协作，才能将各个分散的力量变成一股强大的集体力量，完成许多看似不可能完成的人间奇迹，红旗渠的成功就很好地体现了团结协作精神。如果没有团结协作精神，就不可能有现在的红旗渠。

修渠工程是人海战术，刚动工的时候，整个林县不管男女老少，只要是劳力全都去，一共有民工3.7万人。抡锤是重体力活，扶钢钎稍微轻一些，刚开始是男人抡锤女人扶钢钎，后来女人也开始抡锤。悬崖除险突击队、青年突击队、女子突击队……一支支队伍组成的英雄集体，团结协作，大干苦干，整整10年，其付出的艰辛可想而知。

只有更多的人靠一种宏大的力量组织起来，才能产生和大山对话的勇气，在一种完全超越一己利益的目标驱动下，才能万众一心，撸起袖子加油干。

四、无私奉献精神

红旗渠引来的漳河水无私地哺育着林县人民，而红旗渠得以修成也正是广大林县干部群众无私奉献的产物。修渠工地上先后涌现出了舍己救人的共产党员李改云、把一生奉献给水利事业的林县水利局技术人员吴祖太、带头实干的五好连长石文祝、艰苦奋斗的五好施工员路银、除险英雄任羊成、长期坚持在工地奋战的五好民工郑文锁等无私奉献的先进典型。在红旗渠近10年的工程建设中，林县有81位优秀儿女献出了宝贵的生命，其中25岁以下的28人，年龄最小的仅17岁。

围绕红旗渠而展开的所有情节丰富的故事，是中国人民奋发图强、勇敢智慧、无私奉献的写照。

延伸阅读

任羊成："轻伤不下火线"的除险英雄

红旗渠工地上最著名的劳模任羊成是除险队队长。有一次，在虎口崖施工时，任羊成正腰系大绳，挂在悬崖，凌空除险，很多碎石头从上面不停地掉下来，他躲避不及，有一块拳头大小的石头不偏不倚正砸在他的嘴上。任羊成感到脑袋“嗡”的一声，就失去了知觉。随即，他便在空中旋转起来。过了一会儿，他才清醒过来，心想：你砸你的，只要砸不死，我就干我的。他仰起头准备向崖上喊话，但是连做张口动作几次，怎么也张不开，觉得嘴是麻木的，似有东西压在舌头上，难以出声。他用手一摸，原来一排门牙竟被落石砸倒，舌头也被砸伤了。情急之下，任羊成从腰间抽出一把手钳，插进嘴里，拔掉了被砸倒的门牙，鲜血顺着嘴角流下来。想到崖下的民工还在等自己上工，任羊成又坚持工作了6个小时，直到下工时，才从悬崖上下来。下来后，他整个嘴巴肿得像葫芦，第二天，他戴着口罩照样出工。

劳模任羊成

10年修渠，让很多当地人学会了建筑这门技术，并逐渐成长为能工巧匠。自此，建筑业成为林州的特色产业。现在在当地注册的建筑公司就达800多家，撑起了林州经济的半壁江山，秉承红旗渠精神的林州建筑已经遍布全国各地。

红旗渠的奇迹，不能不让中国人眼前一亮。它告诉人们，永远要怀有一种精神——人间奇迹是能够创造出来的。正因为有这种精神，中华民族才能够长久地屹立在东方，从远古到现代，无论经历了多少艰难坎坷，也依然能保持民族的希望和前进的动力。这种精神力量将穿越时空而永恒。

红旗渠的奇迹，是人的精神突破日常生活的限制所创造的，它绝不是神话，不是传说，不是从天上掉下来的，是林县人民脚踏实地干出来的。

红旗渠从无到有的事实说明，人只要树立坚定的信念、长远的目标，就完全有可能在一种伟大精神的感召下，克服似乎无法跨越的艰难，创造性地实现自己的目标，从而书写出人类精神史上新的篇章。

或许人们只有亲眼看到红旗渠在太行山腰劈山成渠的英姿，亲自踏勘红旗渠穿过的涵洞，看看林县人民是怎样用一双双粗糙的手和异常简陋的工具建造这一人工天河的，才可以真正理解红旗渠精神为何永远不会过时。

2021 年 9 月，“自力更生、艰苦创业、团结协作、无私奉献”的红旗渠精神被纳入中央宣传部梳理的第一批中国共产党人精神谱系。今天我们大力弘扬红旗渠精神，保持“越是艰险越向前”的英雄气概，保持“敢教日月换新天”的昂扬斗志，埋头苦干、攻坚克难，团结一心、英勇奋斗，就一定能创造出令世界刮目相看的新奇迹，不断夺取全面建设社会主义现代化国家新胜利！[1]

[1] 本节内容参见郑雄：《中国红旗渠》，河南文艺出版社，2015。

第四节 新时代建设行业工匠精神的传承

工匠精神，代表的是一个时代的气质，坚定、踏实、精益求精。在中国经济进入新常态的历史时期，文化建设成为主流。工匠精神在中国的文化中体现为“尚巧”、“求精”和“道技合一”，建设行业是最能体现工匠精神的行业，“对产品精雕细琢，追求完美和极致”的工匠精神理念对建设行业健康发展至关重要。

一、管理求精

建筑企业要做大做强，需要进行精细化管理、精益化生产。树立新的发展理念，把工匠精神贯穿于企业文化之中；树立精益求精的全局观念，实现以最短的工期、最少的资源消耗，保证工程最好的品质。在项目管理过程中，企业要在建筑队伍的所有岗位中提倡工匠精神，并将其渗透到企业的经营管理活动中，长期地宣传和坚守，重视细节，追求卓越。项目管理人员需要拥有清晰的管理思路，互相帮衬，与业主、监理、施工、设计等单位密切合作与交流，树立利益共同体意识。

二、技术求专

建设行业中有诸多工种，专职工作需要专业技工负责。建筑企业需要开展岗位操作技能培训考核，严格执行持证上岗制度，从已经取得岗位技能证书、职业资格证书、特种作业操作资格证书的技术工人中录用职工，调动员工参与考核的积极性，从根本上提高产品和服务的质量，提升行业的素质和社会信誉。专业技工需要精通既有专业知识，熟悉国家准则和行业规范，专注于自己的本职工作，坚守信念，忠诚履职，增强创新意识，潜心钻研专业技能，积极学习新技术，保持对新知识和新技术的高度敏感，在学知识和技术的同时改进工作方法，找出各种知识和专业技术之间的联系，把它们有机地结合起来应用。

三、品质求好

现阶段，建设行业要重视以人为本，满足不同经济条件、审美品位的客户需求。建筑企业需要做好市场调研，综合考虑项目面向的顾客人群，针对不同的人群设计不同的建筑风格。利用装配式、模块化建筑技术，所有构件在工厂预制完成，运到施工现场进行组装，预制构件运到施工现场后，进行混凝土的搭接和浇筑，保证拼装房的质量和安全。

建设行业文化建设是一个长远的系统工程，要在全行业宣传鲁班文化，弘扬红旗渠精神，提升行业素质，树立新的发展理念，主动进行建设行业供给侧结构性改革，传承建设行业工匠精神，促进行业加快转型升级。

在全社会树立新的人生观、职业观，要使“劳动光荣、技能宝贵、创造伟大”成为共同的价值认同。加大对一线工人中优秀技能人才的宣传力度，使一线劳动者，尤其是各行各业的能工巧匠、技术能手获得应有的尊重，现在已经打通了工匠人才晋升通道，健全了高技能人才薪酬体系，提高了技术工人待遇。

现在全社会已初步形成重视技能、尊重技能人才的社会氛围。要进一步提高一线技术人员对工匠精神的认识，调动员工积极性，激发员工的创新能力，促进员工追求精益求精。

依托信息化、智能化手段，培养精益求精的工匠精神；大力发展装配式建筑，培训建筑产业化工人，提高施工质量，促进安全管理、文明施工；大力发展绿色建筑，节约各类资源，对施工现场原始生态环境进行保护，努力实现建设行业可持续发展；发展建筑智能化，利用物联网、BIM 等信息技术规范施工现场管理，调节供给关系，提高建筑品质。

积极组织开展建设行业岗位技能大赛、操作技能比武、技术能手评选等活动，激发一线工人学习和钻研技术的自觉性、积极性，提高建设行业一线工人整体素质；规范建筑工匠标准，定期对建筑工匠施工现场进行抽查，对不按标准施工或实施不到位的工匠采取降低或取消工匠资质的惩罚，提高技能人员对施工质量的重视，将工匠精神融入建筑工程的每一个细节工序。

从培训入手，教育和影响每一个建设行业从业人员，使其及时了解新的行业规范。施工现场采取师带徒模式，建立完善的激励机制，对施工技能优异、认真教授徒弟的师傅给予物质奖励；定期举办技能竞赛，考核师傅与徒弟的技能水平，增进技术员工间的交流，培养施工人员的职业素养和创新精神。

在“大众创业万众创新”的环境下，工匠精神同样是创新中不可或缺的。“创”要求的正是“做专、做精、做细、做实”的“匠气”之风。真正的工匠精神不只是回到传统，更不是守旧，而是从传统出发，让传统在当代技术背景下，从当代的审美和生活中，重新被赋予新的价值。在建设行业弘扬工匠精神，增强对工匠精神的理性认识，树立精益求精的工作理念，用精益求精、精雕细琢进行精益生产，弘扬鲁班精神、红旗渠精神，凝聚时代发展力量，各建筑企业应始终坚守工匠精神，于工程细微之处，“如切如磋，如琢如磨”，为社会和客户奉献更多的时代精品，以劳动托起建设行业的“中国梦”，以工匠精神促进我国从建筑大国向建筑强国的完美跨越。

第二篇　建设行业职业道德

推动践行以爱岗敬业、诚实守信、办事公道、热情服务、奉献社会为主要内容的职业道德，鼓励人们在工作中做一个好建设者。

——《新时代公民道德建设实施纲要》

第一节　职业道德素养

人类发展史证明，职业道德不仅受经济发展的影响，而且也有力地反作用于经济发展。欲立民，先立人；欲立人，必先立德。加强职业道德建设，是时代发展的要求，是社会进步的要求。

马克思主义认为，职业道德是上层建筑的一个组成部分，是从事一定职业的人们在其特定的工作或劳动中行为规范的总和，是一种“灵魂立法”“思想立法”。

中共中央 2001 年印发的《公民道德建设实施纲要》中明确了职业道德的定义：“职业道德是所有从业人员在职业活动中应该遵循的行为准则，涵盖了从业人员与服务对象、职业与职工、职业与职业之间的关系。”

综上所述，我们可以把职业道德定义为：从事一定职业的人们在其特定职业活动中所应遵循的符合职业特点所要求的道德准则、行为规范、道德情操与道德品质的总和，是对从事这个职业所有人员的普遍要求。每个从业人员，不论是从事哪种职业，在职业活动中都要遵守职业道德。

从目前我国建设行业的发展形势来看，总体上各方面还是好的，无论是工程规模、业绩、质量、效益、技术等都取得了很大突破。但出现的一些问题也必须引起人们的高度重视。在报纸、电视、网络上经常可以看到关于建设工程偷工减料、安全事故频发等报道，这些不仅暴露出管理监督乏力的问题，也暴露出相关从业人员职业道德素养的缺失。可以说，违法乱纪、牟取私利、弄虚作假等现象一直存在于建设行业中，给国家、社会和人民的生命财产安全都造成了极大的危害。因此，建设行业的特殊性除了要求从业人员具有一定的技能水平，对其职业道德素养的要求也是极高的。加强建设行业专业人员职业道德素养建设，是保证行业良好发展的根本。

对建设行业的从业人员个人而言，会做事未必会做人，但不会做人必定做不好事情，要从日常的每一项工作、每一个细节做起，恪守并努力践行职业道德，以会做人、善做人带动会做事、善做事。很多企业单位在挑选工作人员的时候，都把思想品行放在第一位，一个品行不好、行为不端的人，再有才能也不会受到重用。

具体来说，要想在工作中做一个好建设者，建设行业从业人员应具备爱岗敬业、诚实守信、吃苦耐劳、谦虚好学和廉洁自律的职业道德素养。

一、爱岗敬业

曾经有人问爱迪生成功的秘诀是什么，爱迪生回答说：“我为了解决一个问题，会持续不断地努力，投注无数的精力和体力而不感觉疲倦，这就是我成功的秘诀。”由此我们可以看到，成功的秘诀之一就是爱岗敬业，爱岗敬业是成功的前提和基础。有了爱岗敬业精神，才能有立业之志，才能成功。爱岗敬业精神会化苦为乐，化复杂为简单，化踌躇为果断，所以在工作中，爱岗敬业会让我们产生无穷的毅力和决心，最终达到个人成功与企业发展的目的。真正爱岗敬业的员工不会在意职位的高低，不论身处何种岗位，都会兢兢业业、全心全意地投入。

延伸阅读

张彦峰：只要肯干，热爱重于困难

张彦峰，中国建筑一局（集团）有限公司河南分公司总经理，他扎根施工一线20余年，先后获得郑州市总工会“五一劳动奖章”“2015年度中建一局（集团）TOP100大项目特殊贡献奖”等多项荣誉。

1996年，刚过23岁的张彦峰进入了建设行业，在中建一局（集团）四公司租赁公司拆装处从事施工员工作，负责工地现场的生产施工。建设行业从业者常年在外，四海为家，经常需要驻扎在项目现场。张彦峰选择了坚守，辗转工作于多个国家不同城市，参与百余项工程建设。他从最基层干起，勤奋钻研，善于学习，练成了一身过硬本领。他坚信，前进的道路虽然艰辛，但只要肯干，热爱重于困难。他白天在现场奔波，夜晚或认真研读技术书籍，或与工友们伏案探讨，看图纸，写写算算，日复一日、年复一年。除了生产，他还干过塔吊装卸工，开过卷扬机，公司每引进一台新设备，他都深入工地潜心研究其原理和使用技能，因此工地上绝大多数设备他都能熟练使用。他用实际行动诠释着“干一行，爱一行”的真谛，书写着爱岗敬业的精彩华章，践行着建筑人的初心和使命。

二、诚实守信

诚实守信，从字面上理解就是忠诚老实，信守诺言。“诚实”就是忠诚老实，不说谎，真实地表达自己的想法；“守信”就是讲信用，信守承诺。

诚实守信是中华民族的传统美德，随着时代的发展，这个词也在不断被赋予新的时代精神。建设行业是国民经济支柱产业，加强建设行业诚实守信建设，不仅能保证建设行业的和谐运转，同时也是保护国家、群众利益，构建和谐行业的重大举措。

在建设行业里，诚实守信就是要求建设行业从业人员言行一致，表里如一，如实反映工程项目的进度情况与工程质量，不弄虚作假，不欺上瞒下，同时保持谨慎态度，不为利益所诱惑。

延伸阅读

李江福：盖楼是个良心活儿

李江福是一名在建设行业闯荡了30多年的老建筑人员了，目前是河南新城建设有限公司项目部经理。作为红旗渠畔长大的“渠二代”，李江福有很深的“红旗渠情结”。工人都记得他的一句话：“盖楼是个良心活儿，我这辈子绝不建豆腐渣工程，不能给红旗渠抹黑！”

2005年，在濮阳职业技术学院办公楼工程的施工过程中，李江福发现框架填充墙砌体的砂浆标号偏低，他当场就表示：“这绝对不行，必须把墙推翻重来！”在他的坚持下，已经砌好的5道墙全部被拆除重做，工料损失近3万元。“我还是赚了，我赚的是用金钱也买不来的信誉！”李江福欣慰地说。

“和农民工打交道更要讲诚信，他们是弱势群体，挣的是血汗钱，不能让他们心寒。”这是李江福常说的一句话。1998 年腊月，刚从三门峡项目部筹齐工资款的李江福准备赶回林州给工人发工资，然而天降大雪，李江福的车子被困在半路不能前行，为了兑现承诺，李江福冒雪徒步 20 多公里买来防滑链，不到 500 公里的路程行驶了两天两夜，终于把钱送到了农民工手中。

2007 年，荣获全国建设系统劳模后，李江福有了更高的目标——把每栋楼都建成“诚信大厦”，把每个工地都办成“诚信学校”。为此他在工地上设立了道德讲堂、诚信沙龙，将诚信的故事传播到社会的每个角落。

三、吃苦耐劳

吃苦耐劳也是中华民族的传统美德，想要保持朝气蓬勃的发展，就需要有吃苦耐劳、拼搏奉献的精神，任何人想要成功，都需要刻苦工作。只要勤奋工作，吃苦耐劳，就能弥补自身的缺陷，最终取得成功。

在建设行业的工作中，跟项目是家常便饭，大部分工作、生活的场所就是工地，工作、生活环境中充满了风吹雨淋日晒，每天还要承受大量的工作任务。可以想象，如果没有吃苦耐劳的职业精神，基本上不会在这一行业坚持下去。

延伸阅读

张宝玉：实力铸造鲁班精品工程

张宝玉，安阳建工（集团）有限责任公司项目经理。他自 19 岁踏入这个行业，就深深爱上了这份事业。他白天认真工作，晚上努力学习，把实践与理论紧密结合，不断地提升自己。

2005 年，他们在安阳市东区建设安阳市图书馆、博物馆两馆工程，由于该项目就在安阳市新的政府大楼前，作为安阳市的标志性建筑，两馆在建筑结构和造型设计上有其独特的特点，这也就意味着给实际施工带来了额外的难度。当时由张宝玉担任执行项目经理，他吃苦耐劳，克服了施工中的一大批重点、难点问题。也正因为这个项目的顺利完成，张宝玉在当地的建设行业内小有名气。2015 年，他担任项目经理的安阳市市民之家工程项目获得了鲁班奖。

四、谦虚好学

谦虚好学是一种美德，是进取和成功的必要前提。伟大领袖毛泽东曾说过："谦虚使人进步，骄傲使人落后。"谦虚好学，要求端正态度，抱着学习、锻炼、服务的态度去开展工作，多向其他人请教，在实践中不断锻炼提高。

建设行业作为一门实践性很强的行业，除了需要丰富的理论知识作为基础外，还需要不断地在实际工作中积累经验。"三人行，必有我师焉"，建筑工人应该向技术员学习，学习识图的方法，学习基础理论知识；也应该虚心向比自己水平高的工友学习，学习他们的先进经验。

延伸阅读

时海霞：巾帼不让须眉

时海霞，2019 年中原大工匠，先后任职试验员、资料员、试验室主任、工区主任、副总工程师等岗位。她谦虚好学，有责任敢担当，工作踏实。

2018 年 5 月，由中建七局命名成立了时海霞工匠人才创新工作室。在工作中，她带领工作室成员不懂就问，不会就学，积极创新，刻苦钻研，通过设计变更市政道路工程路基填料和施工工艺，优化水泥稳定碎石和沥青混合料配合比矿料级配范围，改变路肩找平层沥青砂胶结材料及施工工艺，设计变更水稳路面结构摊铺宽度，改变水稳路面养生材料，等等，解决了一系列施工难题……她的团队在经营、技术、管理、安全等多方面不断为项目创效节能，保障了质量，加快了施工进度，指导和规范了施工生产工序，也为项目降本增效。

她已为人妻，为人母，一头担着家庭幸福，一头扛起工作重担。基础设施项目远在偏远山区，尤其是做技术质量工作，要忍辱负重，也要天天和沥青、碎石、水泥、钢筋、混凝土打交道，她却无怨无悔，勇于担当。时海霞在 2014 年、2015 年、2016 年参加中建七局交通公司举办的试验检测技术比武大赛中，连续三届获得第一名；在 2016 年河南省二类工种技能竞赛暨首届试验检测技能比武大赛中，率领团队获得团体第一名。

五、廉洁自律

廉洁即不受不贪，自律即自我约束。建设行业目前是腐败案件的高发区，一些管理人员的贪腐行为致使许多“豆腐渣”工程吞噬了无数鲜活的生命，给国家和人民造成了重大损失，因此，建设行业要加强对从业人员的廉洁教育。建设行业从业人员要始终坚持廉洁自律，树立正确的世界观、人生观和价值观，在思想上要始终保持淡泊明志、知足常乐的良好心态，要经得住各种诱惑，顶得住任何清苦，耐得住一切寂寞。

以案说法

刘明大学毕业后在一家建筑工程检测公司上班。一天，朋友给他介绍了一笔关于某工厂厂房安全鉴定的业务，而工厂希望给危房检测出具的报告是基本满足正常使用要求的等级报告。刘明刚开始觉得这个事情是违法的，坚决地拒绝了，但是后来工厂提出，如果刘明愿意帮忙，就可以给他一笔丰厚的报酬。刘明经不起金钱的诱惑，就出具了“基本满足正常使用要求”的虚假报告。不久，厂房在生产过程中突然倒塌，发生了严重的安全责任事故。经有关部门的调查取证，发现刘明的公司存在伪造检测数据、出具虚假检测报告的违法行为，违反了《建设工程质量检测管理办法》的有关规定，致使危房在使用中发生安全责任事故。刘明因为违法修改检测报告而被公安机关拘捕，最终难逃法律的制裁。

刘明禁不住金钱的诱惑，而放弃了廉洁自律的职业道德，没有守住应有的职业原则，导致安全责任事故的发生，其本人也受到了法律的制裁。在建设行业，从业人员受到相关人员的诱惑，违规出具检测报告、违规使用不合格的建筑材料及不按图纸施工等行为的社会危害性非常大，危及人民群众的生命财产安全。这些违法犯罪行为的发生，最根本的原因就是从业人员放松了对自己的要求，丢弃了廉洁自律的职业道德。[1]

[1]　本节内容参见吴佳南、吴立威主编《建筑类专业员工职业素养读本》，科学出版社，2017。

第二节 职业能力素养

职业能力是构成职业素养的基本要素之一，是指人们从事某种职业的多种能力的综合，是胜任某项职业岗位工作的基本条件。

对于建设行业从业人员而言，在日常工作中，除了要向发包方、领导汇报建筑工程进度等事项，还要进行工程的投标，工程方案的汇报，以及针对工程中发生的问题与相关各方人员进行沟通解决，工程中不懂的问题还需要进一步查阅相关资料等，所有这些具体工作所涵盖的职业能力，概括起来，集中体现在以下五个方面：一是表达能力，二是沟通能力，三是执行能力，四是学习能力，五是勇于担当的品格。

一、表达能力

表达能力又叫表现能力或显示能力，是指一个人把自己的思想、情感、想法和意图等，用语言、文字、图形、表情和动作等表达出来，并让他人理解、体会和掌握。

对于表达能力，通俗地讲，就是人们经常说的口头语言表达能力与书面语言表达能力，两者都是建设行业专业人员必须具备的语言运用能力，是最基本的职业能力。

语言表达能力非常重要，我国古代有“三寸之舌，强于百万之师”之说，民间更有“良言一句三冬暖，恶语伤人六月寒”的警句，可见语言表达能力具有不可小视的作用。

延伸阅读

刘惠书：值得信赖的刘大姐

刘惠书，河南新康桥物业服务有限公司项目经理。她工作的一个项目交房后首次供暖，由于多种原因，业主家中暖气不热，部分业主不是很理解，情绪激动。她连续三天吃住在单位，挨家挨户走访业主，与业主沟通，了解情况，配合工程人员进行暖气的调试。她的嗓子急得沙哑，还坚持在岗位上，温言细语面对每一位业主，情绪激动的业主为她的努力和有效沟通而感动，说了一句让她一直难忘的话：“暖气不热，不是你们造成的，但是你们物业人员一直在努力，我们看到了你们的诚心，非常感谢你们。”听到这些暖心的话语，她忍不住想落泪，一切的委屈、无助都烟消云散，所以她相信努力付出就会有好的结果。她在工作中一直遵循一个标准——手勤、腿勤、嘴勤，为物业管理工作树立了良好形象，员工和业主都亲切地称她为“值得信赖的刘大姐”。

二、沟通能力

沟通能力体现在自己理解别人的能力和让别人理解自己的能力两个方面。但无论哪方面，原则都是沟通的基础，尤其在建设行业里，虽说理解万岁，但该坚持原则的地方就一定要坚持。如果在原则问题上把握不住，往往会产生不利的后果。

在建筑工程项目中，施工单位力求节省成本，追求利润最大化，如果这个时候，监理单位、建设单位、政府监管部门等相关人员没有经得住考验，与施工单位沆瀣一气，违规同意更改施工方案，对材料以次充好等违规行为睁一只眼闭一只眼的话，一旦出现工程质量事故，主要责任人便要承担相应的法律责任；一旦造成重大人员伤亡，还要承担刑事责任。

因此，沟通要坚持原则，有效的沟通应建立在真诚的、坚持原则的基础上，同时原则性与灵活性要统一，善于从实际情况出发，不掺杂个人情感因素，不受局部利益的影响，不拿原则问题做交易，不因个人利益而放弃做人做事乃至维护国家、社会利益的原则，要靠公道正派的人格力量与良好的人际关系实现沟通的目标。

延伸阅读

潘易在一家房地产公司工程项目部工作，全面负责现场管理。一天，施工单位的负责人来找潘易商量，希望降低工程项目中墙体构造柱的混凝土等级，如果他答应了，会有额外的好处。潘易觉得这个事情比较重要，便让负责人先回去等待答复。慎重起见，潘易打电话给该项目的设计单位询问了这个事情，还专门翻阅了相关工程设计规范，最终确定不能降低混凝土等级，因为目前的混凝土等级已经是符合工程设计规范的最低要求。最后，潘易拒绝了施工负责人的要求，明确要按图纸施工，保证工程质量。

三、执行能力

执行能力就是按时、按质、按量完成上级交代的工作任务的能力，简单来说就是高效率。“三分战略，七分执行”，员工没有执行力，再好的战略和决策都实现不了。因此好的执行能力，是一个优秀的员工所必备的职业能力。作为建设行业从业人员，其执行能力的强弱关系到一个具体工程项目能否顺利开展及工程质量的高低，一个具备较强执行力的人，其负责的工程项目往往能保质保量完成，得到领导的嘉许；反之，一个执行能力弱的人便会以各种理由来拖延项目的进展，影响到社会生产大局。所以说，好的执行能力，是对工作的负责，是保证工作有效开展的前提。

延伸阅读

小严在某建设公司工程项目部从事施工管理工作。有一天，经理在会议上布置了一系列施工任务，其中一项任务交由小严去做。小严觉得这项任务实施起来可能会有点问题，但是在会上，小严还是向领导保证坚决按时完成任务。会后，他赶紧针对可能会出现的问题做了预案准备。后来，在具体实施过程中，果然暴露出一些问题，阻碍了任务的进展。小严按照预案，能解决的解决，不能解决的立马四处协调和请教同事，实在解决不了的及时向领导汇报，并提出解决问题的建议请领导参考决策，最终小严良好的执行能力使得任务顺利完成。小严这样的员工哪个企业不喜欢呢？

四、学习能力

当今社会，学习能力决定着生存力、竞争力和发展力。一个人能否持续发展，在很大程度上取决于他的学习能力。我们不仅要把学习作为一种需要、一种任务，更要把它看作一种境界、一种追求、一种生活方式、一种生存动力，要少一分浮躁、少一分应酬、少一分懈怠，静下心来学习知识，研究问题。

建设行业是个高速发展的行业，新材料、新工艺、新技术日新月异，建设行业又是一个技能与知识密集的职业，不仅需要学习书本中大量的专业理论知识，还需要掌握实践中的应用知识，更需要了解其他社会交际方面的知识。因此，建设行业从业人员必须树立起终身学习的理念，不断为自己充电加油。

延伸阅读

赵世亮：不断学习，不断进步

新蒲集团第一项目部经理赵世亮，17 岁高中毕业入职长垣县建筑安装总公司。他从钢筋工做起，在艰苦的体力劳动同时，始终没有忘记要学习，从学习看图纸，到学习钢筋翻样下料，他一步一个脚印从普通工人成长为钢筋工长，并获评“郑州市优秀务工青年”。走上管理岗位后，赵世亮通过自学考试获得了本科学历，取得了注册建造师执业资格，成为我国早期建造师队伍中的一员，并获得新乡市“五一劳动奖章”。

装配式建筑是未来的发展方向，在大家还在争论装配式建筑各项技术体系的优劣时，赵世亮已经瞄准方向开办装配式构件厂了。他一边和工厂技术部的人讨论构件如何拆分，一边穿着工作服往返于各个生产线，实地学习、了解构件生产过程。赵世亮的学习精神不仅仅成就了自己，也深深地感染着周围的人，他所在的新蒲集团第一项目部一直保持着强大的领先优势。

五、勇于担当的品格

百年大计，质量为本。任何一个建筑物、道路、桥梁的建造都要精心准备，不出差错，从而保证工程质量。既然选择了建设行业，就要有担当、尽职责，每当你经过自己亲手修建的房屋或道路时，自豪感必定油然而生，也必定会获得认同和满足。

延伸阅读

上海的外白渡桥是1907年由英国一家公司设计建造的。2007年底，上海市市政工程管理局收到一封来信，信中提醒外白渡桥桥梁设计使用年限为100年，现已到期，请注意维修。上海市于2008年对此钢结构的桥梁进行全面体检、大修，后来老桥又以原貌回到原地，继续“安全使用50年”。鲜为人知的是，老桥的“体检通知单”正是由当初设计这座桥的英国设计公司开出的。

上海外白渡桥

武汉景明大楼

武汉的景明大楼于1920年开工建造，1921年建成，当时属于汉口英租界。2002年的一天，该楼业主收到了一封来自英国的挂号信，信中说，景明大楼为该建筑设计事务所承建，设计年限为80年，现已超期服役，敬请业主注意。

100年前的大桥，80年前的大楼，设计人员和施工人员估计都鲜有在世的，然而竟然还有人为它们操心，可见建筑企业的责任心是何等强烈，虽然经过近一个世纪的变迁，仍坚守着一份责任。

小知识

物勒工名

在一些古城墙上，我们有时能看到墙砖上刻有名字和时间，这可不是“到此一游”，也不是为了青史留名、千古流芳，而是在执行政府强制推行的质量追溯制——物勒工名。物勒工名最早记载于春秋时期的典籍《礼记》中，“物勒工名，以考其诚，功有不当，必行其罪，以穷其情”，郑玄注：“勒，刻也，刻工姓名于其器，以察其信！”意思是一旦产品质量出了问题，以便反溯追查责任。后来，物勒工名应用于工程营造，就是指在房屋、城墙等的砖头上勒刻建造者的姓名。砖上铭刻的那些名字，其实就是一份对该处工程质量问题负责的责任人名单。

物勒工名

在宋真宗年间，依然举国贯彻这套物勒工名的硬标准，建筑竣工后，就要在相关地方标明监工和工匠姓名，一旦出事，追责方便！在公共工程的砖上勒刻相关责任人的名单，固然是为了方便“问罪”，但最终的目的则是追求每一块砖石的“坚良”、每一个工程的“坚久”。这种实打实的问责制度，正是古人智慧的体现。也正因为建造者对建筑质量的这份责任担当，虽历经几千年的风雨洗礼，祖国大地上还巍然矗立着许多伟大的、令国人自豪的古建筑。

李诚：北宋土木建筑家

李诚（？—1110），字明仲，郑州管城（今河南郑州）人，是北宋时期著名的建筑家。李诚历任将作少监、将作监等职，主持营建的较大建筑有五王邸、辟雍、尚书省等。

李诚为人博学多闻，他所编纂的《营造法式》是我国古代完整的建筑专著之一，相当于宋代建筑业的“国家标准”。《营造法式》是北宋政府为了管理宫室、坛庙、官署、府第等建筑工程，而官方颁布的一部建筑设计、施工的规范书。李诚收集了熟练工匠们的经验，系统地总结了当时建筑技术的成就，使《营造法式》成为宫廷及官署等建筑的施工用料、劳动定额及各工种的操作规程。现存的宋代建筑，如山西太原晋祠圣母殿、福建泉州清净寺、浙江宁波保国寺等，均照此书修建。

第三篇　建设行业法律常识

要把推进全民守法作为基础工程，全面落实“谁执法谁普法”普法责任制。各级领导干部要带头尊法学法守法用法，引导广大群众自觉守法、遇事找法、解决问题靠法。要总结我国法治体系建设和法治实践的经验，阐发我国优秀传统法治文化，讲好中国法治故事，提升我国法治体系和法治理论的国际影响力和话语权。

——习近平总书记 2021 年 12 月 6 日在十九届中央政治局第三十五次集体学习时的讲话

建设行业法律法规是指国家立法机关或其授权的行政机关制定的，旨在调整国家及其有关机构、企事业单位、社会团体、公民之间在建设活动中或建设行政管理活动中发生的各种社会关系的法律、法规的统称，常见的有《中华人民共和国建筑法》《建设工程质量管理条例》《建设工程安全生产管理条例》《建筑企业资质管理规定》《建筑工程施工质量验收统一标准》《中华人民共和国劳动合同法》《中华人民共和国劳动法》《中华人民共和国社会保险法》等。

作为建设行业的从业人员，学习法律常识具有非常重要的意义：首先，学法才能知法、懂法、用法；其次，学法才能培养社会主义法律意识，才能用法律维护自己的合法权益，规范自己在劳动、工作、生活中的所作所为，并能同违法现象作斗争。

可见，学法对保护国家、集体和公民个人的合法利益，巩固安定的社会秩序，维护社会主义法律的尊严和权威，都具有重大意义。

第一节　劳动关系

一、劳动合同

（一）劳动合同概述

建立劳动关系，应当订立书面劳动合同

劳动关系是指劳动者与用人单位之间在劳动过程中依法形成的劳动权利义务关系。劳动合同是劳动者与用人单位确立劳动关系、明确双方权利和义务的协议。《中华人民共和国劳动合同法》（以下简称“劳动合同法”）第十条规定：“建立劳动关系，应当订立书面劳动合同。”

1. 劳动合同的分类

根据不同的划分标准，劳动合同可以分为不同的类型，以合同期限为标准可以把劳动合同划分为固定期限劳动合同、无固定期限劳动合同和以完成一定工作任务为期限的劳动合同三种。

固定期限劳动合同，是指用人单位与劳动者约定合同终止时间的劳动合同。

无固定期限劳动合同，是指用人单位与劳动者约定无确定终止时间的劳动合同。

以完成一定工作任务为期限的劳动合同，是指用人单位与劳动者约定以某项工作的完成为合同期限的劳动合同。

延伸阅读

何种情况下可以订立无固定期限劳动合同?

用人单位与劳动者协商一致，可以订立无固定期限劳动合同。有下列情形之一，劳动者提出或者同意续订、订立劳动合同的，除劳动者提出订立固定期限劳动合同外，应当订立无固定期限劳动合同：

（1）劳动者在该用人单位连续工作满十年的；

（2）用人单位初次实行劳动合同制度或者国有企业改制重新订立劳动合同时，劳动者在该用人单位连续工作满十年且距法定退休年龄不足十年的；

（3）连续订立二次固定期限劳动合同，且劳动者没有劳动合同法第三十九条和第四十条第一项、第二项规定的情形，续订劳动合同的。

以案说法

王工是某建筑企业的老技术员，年轻时入职正赶上劳动合同制，跟企业签了3年的劳动合同，连续签了三次。截至2018年底，他已经在厂里工作了9年。2019年初，王工的合同到期，厂里决定与他再续签3年合同，王工提出要签订一份无固定期限劳动合同，厂里的人事经理答复说，按照厂里的规定，最多只能签订3年的劳动合同，不能破例，拒绝了他的请求。那么，王工的请求能否得到法律的支持？

在本案例中，按照劳动合同法的规定，王工虽然在同一用人单位连续工作不满10年，但已经与单位连续订立二次以上固定期限劳动合同，故王工提出续订无固定期限劳动合同的请求用人单位应该同意。

2. 劳动合同的订立时间

为保障双方权利，用人单位应与劳动者在有效时间内签订劳动合同。

（1）劳动合同订立的时间要求

劳动合同法第十条规定："建立劳动关系，应当订立书面劳动合同。已建立劳动关系，未同时订立书面劳动合同的，应当自用工之日起一个月内订立书面劳动合同。用人单位与劳动者在用工前订立劳动合同的，劳动关系自用工之日起建立。"这些规定在一定程度上减少了现实生活中争议和纠纷的发生。比如，即将毕业的在校大学生毕业前与用人单位提前签订了劳动合同，其劳动关系也只能从其正式上班之日起计算。

（2）未在法定时间订立劳动合同的处理

劳动合同法第十一条规定："用人单位未在用工的同时订立书面劳动合同，与劳动者约定的劳动报酬不明确的，新招用的劳动者的劳动报酬按照集体合同规定的标准执行；没有集体合同或者集体合同未规定的，实行同工同酬。"第十四条规定："用人单位自用工之日起满一年不与劳动者订立书面劳动合同的，视为用人单位与劳动者已订立无固定期限劳动合同。"第八十二条规定："用人单位自用工之日起超过一个月不满一年未与劳动者订立书面劳动合同的，应当向劳动者每月支付二倍的工资。用人单位违反本法规定不与劳动者订立无固定期限劳动合同的，自应当订立无固定期限劳动合同之日起向劳动者每月支付二倍的工资。"

以案说法

劳动合同签还是不签?

某家具制造公司有员工数十人，一直未签订劳动合同。2008 年后由于劳动合同法的宣传不断深入，公司逐渐认识到签订劳动合同的重要性，于是要求员工与公司签订书面的劳动合同。但洪某拒绝签订劳动合同，认为劳动合同是对自己的束缚。公司方面无奈，让洪某写了一个声明，上面写道："本人不愿意签订劳动合同，特此声明。"后面是洪某的亲笔签名。于是公司方面也就未再要求洪某签订劳动合同。

一年后，洪某因为加班费的问题，向劳动争议仲裁委员会提出了仲裁请求，要求公司支付加班费 2 万余元，同时要求公司支付未签订劳动合同期间的双倍工资 3 万余元。就未签订劳动合同的问题，公司方拿出了洪某签名的声明，认为未签订劳动合同完全是由于洪某的原因，公司不应该再对其支付双倍工资。洪某承认声明的真实性，但认为不签订劳动合同的原因是公司拿出的劳动合同条款不公平，因此未签订劳动合同的实质原因还在于公司这一边。

仲裁委员会经审理后作出了裁决，就双倍工资问题，认定公司属于违法未签订劳动合同，应依法向洪某支付双倍工资近 3 万元。后公司向法院起诉，法院仍然维持了该项裁决。

3. 劳动合同条款

劳动合同法第十七条规定，劳动合同应当具备以下条款：

①用人单位的名称、住所和法定代表人或者主要负责人；

②劳动者的姓名、住址和居民身份证或者其他有效身份证件号码；

③劳动合同期限；

④工作内容和工作地点；

⑤工作时间和休息休假；

⑥劳动报酬；

⑦社会保险；

⑧劳动保护、劳动条件和职业危害防护；

⑨法律、法规规定应当纳入劳动合同的其他事项。

劳动合同除上面规定的必备条款外，用人单位与劳动者可以约定试用期、培训、保守秘密、补充保险和福利待遇等其他事项。

（二）无效劳动合同

无效劳动合同，是指当事人虽然签订，但是国家不承认其法律效力的劳动合同。一般合同一旦依法成立，就具有法律约束力，但是无效合同即使成立，也不具有法律约束力，不发生履行效力。

1. 无效劳动合同的效力

按合同无效程度来划分，无效劳动合同分为全部无效和部分无效两类。无效劳动合同从订立时起就没有法律约束力。部分无效劳动合同是指其部分条款无效的合同，劳动合同部分无效，不影响其他部分效力的，其他部分仍然有效。

2. 无效劳动合同的情形

劳动法第十八条规定，下列劳动合同无效：

①违反法律、行政法规的劳动合同；

②采取欺诈、威胁等手段订立的劳动合同。

如果订立劳动合同时，当事人一方故意隐瞒真实情况或有意制造假象欺骗对方，致使另一方上当受骗，造成与实际情况不符的认识和判断，从而同意订立的劳动合同，则属于采取欺诈手段订立的合同。威胁手段，指当事人一方用可能实现的危害对方人身或财产安全的行为相要挟，迫使对方违背意愿而与其订立劳动合同。无论是采取欺诈手段还是威胁手段，所订立的劳动合同都违背了劳动合同订立的原则，它的后果是侵犯了一方当事人的权益，因而这种劳动合同不具有法律效力。

劳动合同法第二十六条规定，下列劳动合同无效或者部分无效：

①以欺诈、胁迫的手段或者乘人之危，使对方在违背真实意思的情况下订立或者变更劳动合同的；

②用人单位免除自己的法定责任、排除劳动者权利的；

③违反法律、行政法规强制性规定的。

在实际工作中，导致劳动合同无效的常见原因主要有以下四个方面：

①主体资格不合法，如用人单位未办理营业执照或不具备法人资格，订立劳动合同的劳动者不满 16 周岁等；

②意思表示不真实，如虚假承诺优厚的工作条件，合同期满后强迫续订劳动合同等；

③内容不公平，如用人单位在合同中要求劳动者放弃某种合法权益，或者与对方签订“生死伤亡自负”等条款；

④违反法律法规，如规定合同期内职工不准恋爱、结婚、生育等。

内容不公平的劳动合同无效

3. 无效劳动合同的确认

劳动合同是否无效，是全部无效还是部分无效，并不能由合同双方当事人决定，应当由劳动争议仲裁委员会或者人民法院确认。

劳动合同的无效，应首先由劳动争议仲裁委员会确认，在当事人不服确认结果而依法提起诉讼的情况下，才由人民法院确认。

4. 无效劳动合同的法律后果

劳动法第十八条规定："无效的劳动合同，从订立的时候起，就没有法律约束力。"因而，无效的劳动合同不受国家法律的承认和保护。劳动合同法第二十八条规定："劳动合同被确认无效，劳动者已付出劳动的，用人单位应当向劳动者支付劳动报酬。劳动报酬的数额，参照本单位相同或者相近岗位劳动者的劳动报酬确定。"对于无效的劳动合同，在确认其无效的同时，如给对方造成损害的，有过错的一方应当承担赔偿责任。

（三）试用期的约定

试用期是用人单位和劳动者为相互了解、选择而依法约定的考察期，多规定于初次就业、新上岗劳动者的劳动合同。在试用期阶段，劳动关系还处于非正式状态，用人单位对劳动者是否合格进行考核，劳动者对用人单位是否适合自己要求进行了解。

试用期条款不是劳动合同的必备条款，属于约定条款，但并不意味着合同双方可以自由约定。

1. 试用期约定的适用情形

劳动合同法第十九条规定："以完成一定工作任务为期限的劳动合同或者劳动合同期限不满三个月的，不得约定试用期。"具体劳动合同可以约定试用期和不可以约定试用期的情形如表 3-1 所示。

表 3-1 试用期约定的适用情形

类型	适用情形
可约定试用期	用人单位初次录用员工，且签订的劳动合同期限超过三个月
不可约定试用期	1. 劳动合同期限不满三个月 2. 以完成一定工作任务为期限的劳动合同 3. 非全日制用工

2. 试用期期限的约定要求

劳动合同法关于试用期期限与劳动合同期限的规定具体见表 3-2。

表 3-2 试用期期限与劳动合同期限的对应关系表

劳动合同期限	试用期期限
三个月以上不满一年	不得超过一个月
一年以上不满三年	不得超过两个月
三年以上固定期限	不得超过六个月
无固定期限	不得超过六个月

另外，需要注意的是，同一用人单位与同一劳动者只能约定一次试用期，且试用期包含在劳动合同期限内。劳动合同仅约定试用期的，试用期不成立，该期限为劳动合同期限。

3. 试用期的工资标准

劳动合同法第二十条规定："劳动者在试用期的工资不得低于本单位相同岗位最低档工资或者劳动合同约定工资的百分之八十，并不得低于用人单位所在地的最低工资标准。"

以案说法

某公司与张某签订了二年期限的劳动合同，约定试用期为六个月，试用期工资 1600 元，转正后的工资为 2000 元，当地最低工资为 1400 元。此劳动合同是否符合法律的规定？

根据劳动合同法相关规定，劳动合同期限一年以上不满三年的，试用期不得超过两个月；劳动者在试用期的工资不得低于本单位相同岗位最低档工资或者劳动合同约定工资的百分之八十，并不得低于用人单位所在地的最低工资标准。因此，本案例中试用期约定六个月是违反相关法律规定的，工资 1600 元符合相关规定。

（四）劳动合同的履行与变更

1. 劳动合同的履行

用人单位与劳动者应当按照劳动合同的约定，全面履行各自的义务。

劳动者拒绝用人单位管理人员违章指挥、强令冒险作业的，不视为违反劳动合同。

劳动者对危害生命安全和身体健康的劳动条件，有权对用人单位提出批评、检举和控告。

2. 工资支付

工资支付属于合法履行。

（1）合同约定不明时劳动报酬的确定方式

用人单位未在用工的同时订立书面劳动合同，与劳动者约定的劳动报酬不明确的，新招用的劳动者的劳动报酬按照集体合同规定的标准执行；没有集体合同或者集体合同未规定的，实行同工同酬。

（2）工资拖欠的解决方式

用人单位拖欠或者未足额支付劳动报酬的，劳动者可以依法向当地人民法院申请支付令，人民法院应当依法发出支付令。

延伸阅读

什么是支付令？

支付令一词来源于我国的民事诉讼法，该法第二百二十一条规定："债权人请求债务人给付金钱、有价证券，符合下列条件的，可以向有管辖权的基层人民法院申请支付令：（一）债权人与债务人没有其他债务纠纷的；（二）支付令能够送达债务人的。申请书应当写明请求给付金钱或者有价证券的数量和所根据的事实、证据。"

支付令是债权人向法院申请讨回债务的最简便的方法。对于一些事实清楚的欠薪案件，劳动者申请支付令解决，较之通过传统的途径——申请仲裁、起诉、上诉等，既提高了效率又节省了司法资源。劳动合同法赋予劳动者申请支付令的权利，相比劳动法的相关规定更具操作性，将更有力地维护劳动者的工资报酬权。

（3）加班费

用人单位应当严格执行劳动定额标准，不得强迫或者变相强迫劳动者加班。用人单位安排加班的，应当按照国家有关规定向劳动者支付加班费。

用人单位应当保证劳动者每周至少休息一日。对企业违反法律、法规强迫劳动者延长工作时间的，劳动者有权拒绝。

延伸阅读

补休代替加班费合法吗？

劳动法规定，国家实行劳动者每日工作时间不超过八小时、平均每周工作时间不超过四十四小时的工时制度。休息日安排劳动者工作又不能安排补休的，支付不低于工资的200%的工资报酬。

由此可见，休息日（一般是指双休日）安排劳动者工作，企业可以首先安排补休，在无法安排补休时，应支付不低于工资的200%的工资报酬；法定节假日安排劳动者工作，不能安排补休，单位必须按照工资的300%支付工资报酬。

当企业能够安排职工补休时，职工应当服从。这既保护了劳动者的休息权，又利于职工的身体健康，也使职工及时恢复体力投入新的工作，有利于安全生产。

3. 劳动合同的变更

（1）劳动合同主体变更

在劳动合同履行的过程中，用人单位变更名称、法定代表人、主要负责人或者投资人等事项，不影响劳动合同的履行。

用人单位发生合并或者分立等情况，原劳动合同继续有效，劳动合同由承继其权利和义务的用人单位继续履行。

如果不是合并或分立，而是将本单位的员工从一个单位调到另一个单位，即使这两个单位有着共同的股东单位，只要是两个独立的法人单位，就应该由原单位解除或终止合同，再由新的单位与员工签订新的劳动合同。这种情况不是变更合同，而是解除旧的合同，签订新的合同。

（2）劳动合同内容变更

用人单位与劳动者协商一致，可以变更劳动合同约定的内容。变更劳动合同，应当采用书面形式。变更后的劳动合同文本由用人单位和劳动者各执一份。

（五）劳动合同的解除和终止

劳动合同解除是指劳动合同尚未到期，双方结束劳动关系。劳动合同终止是指劳动合同到期或无法继续履行，双方结束劳动关系。

1. 劳动合同的解除

（1）劳动者提出解除劳动合同

劳动者提前三十日以书面形式通知用人单位，可以解除劳动合同。劳动者在试用期内提前三日通知用人单位，可以解除劳动合同。

用人单位有下列情形之一的，劳动者可以解除劳动合同：

①未按照劳动合同约定提供劳动保护或者劳动条件的；

②未及时足额支付劳动报酬的；

③未依法为劳动者缴纳社会保险费的；

④用人单位的规章制度违反法律、法规的规定，损害劳动者权益的；

⑤因劳动合同法第二十六条第一款规定的情形致使劳动合同无效的；

⑥法律、行政法规规定劳动者可以解除劳动合同的其他情形。

用人单位以暴力、威胁或者非法限制人身自由的手段强迫劳动者劳动的，或者用人单位违章指挥、强令冒险作业危及劳动者人身安全的，劳动者可以立即解除劳动合同，不需事先告知用人单位。

（2）用人单位提出解除劳动合同

劳动者有下列情形之一的，用人单位可以解除劳动合同：

①在试用期间被证明不符合录用条件的；

②严重违反用人单位的规章制度的；

③严重失职，营私舞弊，给用人单位造成重大损害的；

④劳动者同时与其他用人单位建立劳动关系，对完成本单位的工作任务造成严重影响，或者经用人单位提出，拒不改正的；

⑤因劳动合同法第二十六条第一款第一项规定的情形致使劳动合同无效的；

⑥被依法追究刑事责任的。

以案说法

赵某入职某预算公司担任预算部经理，双方签订了三年期固定期限劳动合同，并约定了三个月试用期。试用期内，预算公司以赵某表现不合格，所做土方量审核意见稿中预算工程量存在严重误差，不符合录用条件为由与其解除劳动合同。赵某不认可土方量审核意见稿系其所做，认为单位与其解除劳动合同系违法解除，要求与预算公司继续履行劳动合同。

劳动争议仲裁委员会经审理，最终裁决预算公司解除劳动合同违法，对赵某要求继续履行劳动合同的仲裁请求予以支持。

在本案例中，预算公司虽以赵某试用期内不符合录用条件为由与其解除劳动合同，但提供的土方量审核意见稿无法证实系赵某所做。另外提供的赵某转正流程追踪中显示的人力资源总监王某在OA（办公自动化）系统中签署的办理意见为“不同意转正，工作量不足，发挥作用不大，建议离职”，与预算公司在解聘通知书上记载的解除原因不相符。预算公司没有提供充分证据证明赵某在试用期工作能力未能达到公司的录用条件、职位要求，因此应承担举证不能的不利后果。

有的用人单位认为在试用期内，单位可以随便让劳动者走人，不需要承担什么法律责任，甚至在试用期内任意侵害劳动者的合法权益，一些单位公然规定在试用期内不为劳动者缴纳社会保险等，这些都违反了法律的规定，也严重侵害了劳动者的合法权益。其实按照劳动合同法等相关法律规定，用人单位只有在证明劳动者不符合录用条件等法律规定的情形下才可以在试用期内解除劳动合同，否则就可能被裁决败诉。

有下列情形之一的，用人单位提前三十日以书面形式通知劳动者本人或者额外支付劳动者一个月工资后，可以解除劳动合同：

①劳动者患病或者非因工负伤，在规定的医疗期满后不能从事原工作，也不能从事由用人单位另行安排的工作的；

②劳动者不能胜任工作，经过培训或者调整工作岗位，仍不能胜任工作的；

③劳动合同订立时所依据的客观情况发生重大变化，致使劳动合同无法履行，经用人单位与劳动者协商，未能就变更劳动合同内容达成协议的。

劳动者有下列情形之一的，用人单位不得解除劳动合同：

①从事接触职业病危害作业的劳动者未进行离岗前职业健康检查，或者疑似职业病病人在诊断或者医学观察期间的；

②在本单位患职业病或者因工负伤并被确认丧失或者部分丧失劳动能力的；

③患病或者非因工负伤，在规定的医疗期内的；

④女职工在孕期、产期、哺乳期的；

⑤在本单位连续工作满十五年，且距法定退休年龄不足五年的；

⑥法律、行政法规规定的其他情形。

2. 劳动合同的终止

有下列情形之一的，劳动合同终止：

①劳动合同期满的；

②劳动者开始依法享受基本养老保险待遇的；

③劳动者死亡，或者被人民法院宣告死亡或者宣告失踪的；

④用人单位被依法宣告破产的；

⑤用人单位被吊销营业执照、责令关闭、撤销或者用人单位决定提前解散的；

⑥法律、行政法规规定的其他情形。

延伸阅读

用人单位可以扣押劳动者的身份证吗？

劳动合同法规定，用人单位扣押劳动者居民身份证等证件的，由劳动行政部门责令限期退还劳动者本人，并依照有关法律规定给予处罚。另外，如果用人单位以担保或者其他名义向劳动者收取财物的，由劳动行政部门责令限期退还劳动者本人，并以每人 500 元以上 2000 元以下的标准处以罚款；给劳动者造成损害的，应当承担赔偿责任。劳动者依法解除或者终止劳动合同，用人单位扣押劳动者档案或者其他物品的，依照前款规定处罚。

以案说法

蒙阴县某建筑公司下属工程处承包了一个建筑工程项目，后又将该建筑工程项目的劳务施工转包给了自然人王某。王某无建筑工程施工资质和营业执照。双方签订了施工安全责任协议书和劳务费协议书，劳务费协议书约定：“工程处负责提供工程主材料，并监督工程的施工。王某负责组织施工。”随后王某便招用李某等人开始施工，李某等人员的管理、具体工作安排、工资的发放由王某负责。一天，李某在上班途中发生交通事故受伤。事故发生后，该工程处负责人支付了李某大部分医疗费。但该建筑公司未在规定的时间内申报工伤，李某向劳动保障部门提出工伤认定申请，终因无法确认劳动关系，又向当地劳动争议仲裁委员会提出申请，要求确认自己与该建筑公司存在事实劳动关系。

仲裁委员会经审理认为，根据劳动和社会保障部《关于确立劳动关系有关事项的通知》（劳社部发〔2005〕12号）第四条规定：“建筑施工、矿山企业等用人单位将工程（业务）或经营权发包给不具备用工主体资格的组织或自然人，对该组织或自然人招用的劳动者，由具备用工主体资格的发包方承担用工主体责任。”本案中，王某无建筑工程施工资质和营业执照，该用工主体责任应由具备用工主体资格的发包方承担。仲裁委员会遂裁决：确认王某与某建筑公司存在事实劳动关系。

二、劳动争议

正确处理劳动争议

劳动争议，是指劳动关系的当事人之间因执行劳动法律、法规和履行劳动合同而发生的纠纷，即劳动者与所在单位之间因劳动关系中的权利义务而发生的纠纷，故又称劳动纠纷。

劳动纠纷是现实中较为常见的纠纷。国家机关、企业事业单位、社会团体等用人单位与职工建立劳动关系后，一般都能相互合作，认真履行劳动合同。但由于各种原因，双方之间产生纠纷也是难以避免的事情。劳动纠纷的发生，不仅使正常的劳动关系得不到维护，还会使劳动者的合法利益受到损害，不利于社会的稳定。因此，应当正确把握劳动纠纷的特点，积极预防劳动纠纷的发生，对已发生的劳动纠纷要能正确处理。

（一）劳动争议处理范围

根据劳动争议涉及的权利义务的具体内容，可将其分为以下几类：

①因确认劳动关系发生的争议；

②因订立、履行、变更、解除和终止劳动合同发生的争议；

③因除名、辞退和辞职、离职发生的争议；

④因工作时间、休息休假、社会保险、福利、培训以及劳动保护发生的争议；

⑤因劳动报酬、工伤医疗费、经济补偿或者赔偿金等发生的争议；

⑥法律、法规规定的其他劳动争议。

（二）劳动争议的处理原则

解决劳动争议，应当根据事实，遵循合法、公正、及时、着重调解的原则，依法保护当事人的合法权益。

合法：以事实为依据，以法律为准绳，依法处理劳动争议。

公正：维护正义，维护合法权益，当事人在法律上一律平等。

及时：劳动争议发生后，用人单位及时与员工沟通，尽快处理，防止劳动争议升级，防止错过仲裁、诉讼时效导致合法权益难维护。

着重调解：能够协商、调解一致的首先要进行协商、调解，避免劳动仲裁或诉讼的发生。

（三）劳动争议的处理程序

1. 协商

争议双方通过协商方式自行和解，是当事人应首先争取解决争议的途径。当然协商解决是以双方自愿为基础的，不愿协商或者经过协商不能达成一致，当事人可以选择调解程序或仲裁程序。

2. 调解

争议当事人可以向用人单位所在地劳动争议调解委员会申请调解。调解程序是自愿的，只有双方当事人都同意申请调解，调解委员会才能受理该案件；当事人可不经过调解而直接申请仲裁。另外，工会与用人单位因履行集体合同发生争议，不适用调解程序，当事人应直接申请仲裁。

3. 仲裁

若经过调解双方达不成协议，当事人一方或双方可向当地劳动争议仲裁委员会申请仲裁。当事人也可以不经过调解直接申请仲裁。仲裁程序适用于各类争议，但因签订集体合同发生的争议，目前是由劳动部门会同有关方面进行协调处理，不适用仲裁程序。除了这种争议外，对其他争议而言，仲裁程序是强制性的必经程序，也就是说，只要有一方当事人申请仲裁，且符合受案条件，仲裁委员会即予受理；当事人如果要起诉到法院，必须先经过仲裁程序，未经过仲裁程序的劳动争议案件，人民法院将不予受理。

劳动争议申请仲裁的时效期间为一年。仲裁时效期间从当事人知道或者应当知道其权利被侵害之日起计算。劳动关系存续期间因拖欠劳动报酬发生争议的，劳动者申请仲裁不受仲裁时效期间的限制；但是劳动关系终止的，应当自劳动关系终止之日起一年内提出。

4. 诉讼

当事人如果对仲裁裁决不服，可以向当地基层人民法院起诉。目前法院是由民事审判庭依民事诉讼程序对劳动争议案件进行审理，实行两审终审制，也就是说当事人若不服一审判决，仍可向上级法院上诉。法院审判程序是劳动争议处理的最终程序。

劳动者对仲裁裁决不服的，可以在收到仲裁裁决书之日起 15 日内向人民法院提起诉讼。

以案说法

张某自从与原单位解除劳动合同后，一直没有找到工作，后来张某通过朋友介绍到一家私营企业工作，私营老板面试后，考虑到张某是朋友介绍的，就决定让他来企业上班，每月发给其一定的报酬，双方之间从未签订劳动合同。转眼张某在私营企业工作了三年多。一天，张某到企业所在地的区社会保险事业管理中心查询个人社会保险账户，结果发现该企业一直未为其办理社会保险登记和缴纳社会保险费等。于是，张某去找老板要求企业为其缴纳社会保险费，老板不予理睬，张某几经交涉未果，只能到劳动争议仲裁委员会申请劳动仲裁，要求企业为其补缴历年的社会保险费。

劳动争议仲裁委员会在开庭审理时，张某向仲裁委员会提交了其工资凭证、服务证、考勤记录及上门为用户修理产品时单位出具的介绍信等有关证据。而企业在庭审答辩时认为，张某不是企业的员工，当初是看在朋友的面子上让他有口饭吃，双方之间没有劳动关系只是朋友关系，不存在为其缴纳社会保险费的问题。同时，企业向仲裁委员会提交了所有职工工资单名册，在名册上没有张某的名字，因此，企业对张某提出的要求不予同意。

劳动争议仲裁委员会经过审理后认为，双方当事人虽未签订劳动合同，但张某向劳动争议仲裁委员会提供的有关证据材料，足以证明张某与该企业存在事实劳动关系。而企业否认与张某具有劳动关系，却没有提供相关证据予以佐证。所以，双方当事人存在事实劳动关系，企业应该承担相应的法律责任，为张某补缴历年的社会保险费。

第二节 社会保险

一、社会保险概述

社会保险保民生 全民参与促和谐

（一）社会保险的概念

社会保险是一种为丧失劳动能力、暂时失去劳动岗位或因健康原因造成损失的人口提供收入或补偿的一种社会和经济制度，是社会保障制度的重要组成部分。

国家实行社会保险制度，是国家对劳动者履行的社会责任，也是劳动者应该享受的基本权利。它的目的是保证物质及劳动力的再生产和社会的稳定。

用人单位和劳动者必须依法参加社会保险，缴纳社会保险费。

（二）社会保险的特征

一般来说，我国的社会保险具有下面几个显著的特征：

1. 非营利性

社会保险是非营利性保险，它不以营利为目的，而是以实施社会政策为目的。社会保险不以经济效益的高低来决定其项目的取舍和保障水平的高低。如果社会保险财务出现赤字影响其运作，国家财政负有最终责任。

2. 强制性

社会保险属于强制性保险。社会保险的缴费标准和待遇项目、保险金的给付标准等，均由国家或地方的法律、法规统一规定。

3. 普遍保障性

社会保险对于社会所属成员具有普遍的保障责任。不论被保险人的年龄、就业年限、收入水平和健康状况如何，其一旦丧失劳动能力或失业，政府即依法提供收入损失补偿，以保障其基本生活需要，社会保险除现金支付以外，通常还为劳动者提供医疗护理、伤残康复、职业培训和老年活动等多方面的服务。

4. 权利与义务的基本对等性

社会保险待遇的给付一般不与个人劳动贡献直接相关联。享受者要做出贡献，但其享受并不是与其贡献完全一致的，其分配制度是以有利于低收入阶层为原则的。因为同样的风险事故，对于低收入劳动者所造成的威胁通常要高于高收入者。

延伸阅读

社会保险与商业保险的主要区别

实施目的不同。社会保险是为社会成员提供必要时的基本保障，不以营利为目的；商业保险则是保险公司的商业化运作，以营利为目的。

实施方式不同。社会保险是根据国家立法强制实施；商业保险是遵循“契约自由”原则，由企业和个人自愿投保。

实施主体和对象不同。社会保险由国家成立的专门性机构进行基金的筹集、管理及发放，其对象是法定范围内的社会成员；商业保险是保险公司来经营管理的，被保险人可以是符合承保条件的任何人。

保障水平不同。社会保险为被保险人提供的保障是最基本的，保障程度较低；商业保险提供的保障水平完全取决于保险双方当事人的约定和投保人所缴保费的多少，只要符合投保条件并有一定的缴费能力，被保险人可以获得高水平的保障。

（三）社会保险的功能

社会保险具有以下五个方面的功能：

1. 防范风险功能

风险主要分为两大类：一是人身风险，包括年老、疾病、工伤、生育风险；二是工作风险，包括失业风险。这些风险具有不可避免的特性，当风险来临时，个人往往难以凭自力救济的方式应对风险，因而对生活造成重大损失。以前是通过个体模式，如个人储蓄、家庭责任、雇主责任等来规避风险，但个体的能力终究有限，对有较大支出的风险往往力不从心，“看不起病”“养不起老”是这些模式的弊端。社会保险制度的最基本作用，是在风险发生时对个人提供收入损失补偿，保证个人在暂时或者永久失去劳动能力以及暂时失去工作岗位从而造成收入中断或者减少时，仍然能够继续享有基本生活保障。其途径就是将个人风险转化为社会风险，让社会为个人风险买单，避免个人因独木难支而陷入困境，使其在风险来临时仍能维护家庭及个人的生存尊严，从而保障基本生活，免除后顾之忧。

2. 社会稳定功能

社会稳定是一个国家发展的前提。社会保险是社会稳定的“调节器”，一方面，能使社会成员产生安全感，对未来生活有良好的心理预期，安居乐业；另一方面，能缓解社会矛盾，构建和谐的社会环境来实现整个社会的稳定。

3. 再分配功能

通过实行收入再分配，有利于适当调节劳动分配，保障低收入者的基本生活。

4. 有利于实现社会公平

由于人们在文化水平、劳动能力、资本积累等方面的差异，形成收入上的差距，差距过大，就会造成贫富悬殊的社会问题。社会保险可以通过强制征收保险费，聚集成保险基金，对收入较低或失去收入来源的劳动者给予补助，提高其生活水平，在一定程度上实现社会的公平分配。

5. 有利于保证社会劳动力再生产顺利进行

市场经济需要劳动力的正常再生产，而市场竞争所形成的优胜劣汰，必然会造成部分劳动者暂时退出劳动岗位，这就有可能使部分劳动者及其家庭失去收入而陷入生存危机，而社会保险则确保了这部分成员的基本生活需要，使劳动力的供给和正常再生产成为可能，为维持市场经济正常运行提供劳动力后备军。

延伸阅读

试用期内是否享有社会保险？

在试用期内也应该享有社会保险，因为试用期是合同期的一个组成部分，它不是隔离在合同期之外的，所以在试用期内也应该交社会保险。另外，企业给员工交社会保险是一个法定的义务，不取决于当事人的意思或自愿与否，即使员工表示不需要交社会保险也不行，而且商业保险不能替代社会保险。

二、五险一金

社会保险法第二条规定："国家建立基本养老保险、基本医疗保险、工伤保险、失业保险、生育保险等社会保险制度，保障公民在年老、疾病、工伤、失业、生育等情况下依法从国家和社会获得物质帮助的权利。"可见，我国社会保险的主要项目包括基本养老保险、基本医疗保险、失业保险、工伤保险和生育保险五种，俗称"五险"。

（一）基本养老保险

基本养老保险由社会统筹基金支付的基础养老金和个人账户养老金组成，是社会保障制度的重要组成部分，是社会保险五大险种中最重要的险种之一，是国家和社会根据一定的法律和法规，为解决劳动者在达到国家规定的解除劳动义务的劳动年龄界限，或因年老丧失劳动能力退出劳动岗位后的基本生活而建立的一种社会保险制度。

参加社会保险 幸福安享晚年

我国实行的是中国特色的多层次的基本养老保险制度，这是因为我国是一个发展中国家，不仅人口多、底子薄，而且地区间经济发展不平衡，应当允许不同地区、不同企业之间的养老保险水平在国家统一政策指导下存在一定差别。同时，建立多层次基本养老保险体系可以减轻国家基本养老保险负担，适应不同经济条件的企业的需要，满足职工不同层次、不同水准的多种保障需求，使基本养老保险制度更好地起到保障生活和安定社会的作用。

1. 基本养老保险缴费基数的确定

基本养老保险一般是以职工上一年度本人月平均工资为基础，缴费基数最高为职工所在地区上年在岗职工月平均工资的 300%，最低为职工所在地区上年在岗职工月平均工资的 60%。各地区每年在相对固定的时间会公布上年在岗职工月平均工资，以便用人单位将其作为社保缴纳和工资发放的参考或依据。

2. 基本养老保险可享受的待遇

按规定，累计缴纳基本养老保险 15 年以上，并达到法定退休年龄，可以享受下列养老保险待遇：

（1）按月领取按规定计发的基本养老金，直至死亡。

（2）死亡待遇：

①丧葬费；

②一次性抚恤费；

③符合供养条件的直系亲属生活困难补助费，按月发放，直至供养直系亲属死亡。

（二）基本医疗保险

我国现行基本医疗保险缴费基数一般以本人工资确定，在职职工本人月工资总额超过本地区上年度在职职工月平均工资 300% 的，以本地区上年度在岗职工月平均工资的 300% 为基数缴费。职工本人月工资总额低于本地区上年度在职职工月平均工资 60% 的，以本地区上年度在岗职工月平均工资的 60% 为基数缴费。因各地区实际情况不同，因此具体缴费基数根据本地实际情况确定。缴费基数一旦确定，一年内不能改变。

我国法律要求用人单位必须按照规定为职工办理、缴纳基本医疗保险，但并未对基本医疗保险缴费比例进行统一规定，各省市可以根据本地医疗保险规定执行。一般基本医疗保险由用人单位与职工本人共同缴纳。

（三）失业保险

失业保险是指失业保险经办机构按规定支付给符合条件的失业人员的基本生活费用。

失业保险由用人单位和职工共同缴纳。

以案说法

李某是新疆某石油公司的职工。这年8月，企业为减员增效，号召职工与企业解除劳动合同（有偿解除劳动合同）。李某与企业的劳动合同已到期，就响应公司号召，解除了劳动合同。

根据国务院令第258号《失业保险条例》规定，职工与企业解除劳动合同后，失业保险部门应给失业职工发放失业保险金（新疆某石油公司已按时按规定缴纳失业保险费）。但当地失业保险部门不予发放，理由是：企业有偿解除劳动合同，已经支付了生活费，失业保险部门不再发放失业保险金。

那么企业有偿解除劳动合同后，失业保险部门是否应发放失业保险金？该失业保险部门的这种做法合法吗？

《关于贯彻执行〈中华人民共和国劳动法〉若干问题的意见》第43条指出："劳动合同解除后，用人单位对符合规定的劳动者支付经济补偿金。不能因劳动者领取了失业救济金而拒付或克扣经济补偿金，失业保险机构也不得以劳动者领取了经济补偿金为由，停发或减发失业救济金。"据此，李某与单位解除劳动关系后，虽已享受了经济补偿金，但失业保险部门也应当按规定向李某支付失业保险金。

（四）工伤保险

职工应当参加工伤保险，由用人单位缴纳工伤保险费，职工不缴纳工伤保险费。

1. 工伤保险的缴存

用人单位应当按照本单位职工工资总额，根据社会保险经办机构确定的费率缴纳工伤保险费。

不同行业的工伤保险缴纳比例是不相同的。工伤保险费根据以支定收、收支平衡的原则，确定费率。国家根据不同行业的工伤风险程度确定行业的差别费率，并根据工伤保险费使用、工伤发生率等情况在每个行业内确定若干费率档次。行业差别费率及行业内费率档次由国务院社会保险行政部门制定，报国务院批准后公布施行。统筹地区经办机构根据用人单位工伤保险费使用、工伤发生率等情况，适用所属行业内相应的费率档次确定单位缴纳费率。

2. 工伤认定

工伤认定是劳动行政部门依据法律的授权对职工因事故伤害（或者患职业病）是否属于工伤或者视同工伤给予定性的行政确认行为。根据我国的相关规定，一般由劳动行政部门来确认。

对工伤认定的三要素主要包括：工作时间、工作场所、与工作有关（即工作原因）。

（1）职工有下列情形之一的，应当认定为工伤：

①在工作时间和工作场所内，因工作原因受到事故伤害的；

②工作时间前后在工作场所内，从事与工作有关的预备性或者收尾性工作受到事故伤害的；

③在工作时间和工作场所内，因履行工作职责受到暴力等意外伤害的；

④患职业病的；

⑤因工外出期间，由于工作原因受到伤害或者发生事故下落不明的；

⑥在上下班途中，受到非本人主要责任的交通事故或者城市轨道交通、客运轮渡、火车事故伤害的；

⑦法律、行政法规规定应当认定为工伤的其他情形。

（2）职工有下列情形之一的，视同工伤：

①在工作时间和工作岗位，突发疾病死亡或者在48小时之内经抢救无效死亡的；

②在抢险救灾等维护国家利益、公共利益活动中受到伤害的；

③职工原在军队服役，因战、因公负伤致残，已取得革命伤残军人证，到用人单位后旧伤复发的。

（3）符合以上规定，但是有下列情形之一的，不得认定为工伤或者视同工伤：

①故意犯罪的；

②醉酒或者吸毒的；

③自残或者自杀的。

以案说法

吴某系江苏省通州市某纺织有限公司工人。2007年3月15日，吴某在下班途中与单某驾驶的机动车发生碰撞受伤。因为赔偿问题，吴某将单某及其投保的保险公司告上法庭，要求两被告赔偿。经法院审理双方达成了调解协议，由保险公司赔偿吴某医药费、护理费、误工费等37000元，单某赔偿1500元。

事故发生后，吴某同时向通州市劳动和社会保障局申请工伤认定，经通州市劳动和社会保障局认定吴某因交通事故受伤构成工伤。吴某受伤情况经南通市劳动能力鉴定委员会鉴定为九级伤残。

由于通州市某纺织有限公司未为吴某交纳工伤保险金，吴某遂申请劳动仲裁，要求用人单位通州市某纺织有限公司承担工伤保险责任，并终止劳动关系。通州市劳动争议仲裁委员会作出裁决后，通州市某纺织有限公司不服，认为仲裁裁决未扣除吴某在交通事故赔偿案件中已获赔的医疗费等费用，遂向通州市人民法院提起诉讼。

江苏省通州市人民法院一审后判决用人单位承担医疗费、护理费、一次性工伤医疗补助金、一次性伤残就业补助金、一次性伤残补助金等合计68000元。

通州市人民法院经审理认为，用人单位以外的第三人侵权造成劳动者损害的，侵权人已对劳动者受害人进行了赔偿，并不影响受害人享受工伤待遇，因此对通州市某纺织有限公司提出吴某享受工伤待遇时应扣除交通事故侵权人已赔部分的主张该院依法不予支持。因通州市某纺织有限公司没有为吴某缴纳工伤保险费，故吴某享受的工伤待遇应当由通州市某纺织有限公司直接支付。

（五）生育保险

我国并未对生育保险缴费基数进行统一规定，一般各地区都是按照上限为上年度职工平均工资的300%，下限为上年度职工平均工资的60%执行。生育保险是由单位全额缴纳的，基本涵盖了一切和生育相关的费用，报销范围包括生育津贴、产检、生育手术费用等。

需要注意的是，生育保险并非女性的专利，上了生育保险的男性不仅能给没上险的妻子报销一半的生育费用，自己也能享受一定的假期和津贴。

（六）住房公积金

住房公积金就是指“五险一金”中的“一金”。和上述“五险”不同，“五险”是法定的，而“一金”并不是法定的。住房公积金不是福利保障，而是工资的一部分——只是国家规定了这部分工资只能用于“住房”，相当于企业和个人共同缴存的长期住房储蓄。

1. 住房公积金的缴存

职工住房公积金的月缴存额为职工本人上一年度月平均工资乘以职工住房公积金缴存比例。单位为职工缴存的住房公积金的月缴存额为职工本人上一年度月平均工资乘以单位住房公积金缴存比例。

各地住房公积金缴存比例不尽相同。职工和单位住房公积金的缴存比例均不得低于职工上一年度月平均工资的 5%；有条件的城市，可以适当提高缴存比例。具体缴存比例由住房公积金管理委员会拟订，经本级人民政府审核后，报省、自治区、直辖市人民政府批准。

2. 住房公积金的提取

职工有下列情形之一的，一般可以提取职工住房公积金账户内的存储余额：

①购买、建造、翻建、大修自住住房的；

②离休、退休的；

③完全丧失劳动能力，并与单位终止劳动关系的；

④出境定居的；

⑤偿还购房贷款本息的；

⑥房租超出家庭工资收入的规定比例的。

职工死亡或者被宣告死亡的，职工的继承人、受遗赠人可以提取职工住房公积金账户内的存储余额；无继承人也无受遗赠人的，职工住房公积金账户内的存储余额纳入住房公积金的增值收益。

"五险一金"示意图

以案说法

某建筑有限公司因开发一新项目，从外地高薪聘请了工程师王先生，月薪 18000 元。王先生一到任，小岳就根据有关规定为其办理了社会保险登记手续。然而，在发放第一个月的工资时，王先生看到自己的养老、失业等项目竟被扣掉 600 多元，就找到小岳，提出不愿缴纳社会保险费，要放弃社会保险的权利。王先生解释说，自己现在还不到 30 岁，离法定退休还有 30 多年，谁知道将来的社会保险会是什么样子，并且，像自己这种情况，即使不参加社会保险，也不必担心将来的养老问题，失业一说就更不存在了。在王先生的一再坚持下，小岳同意不再为王先生缴纳社会保险费，还将公司应当缴纳的部分发给了王先生本人。为了“保险”起见，建筑公司与王先生签订了社保补偿协议，内容是王先生主动放弃参加社会保险的权利，公司将有关社会保险费用支付给本人。孰料，该做法实施不到三个月，就被逮了个正着，劳动监察部门不但要求该建筑有限公司在规定的时间内进行整改，还必须补缴前三个月的社会保险费。

按照社会保险法的相关规定，用人单位与劳动者均负有依法缴纳社会保险费的义务。本案中，建筑公司与王先生签订了社保补偿协议，王先生每月获得了更多的工资，建筑公司也可以少承担一些社保费用，似乎两者都有利，却存在王先生在生病、生育、年老等情况下，无法获得相应社会保障的巨大风险，从而最终损害个人、用人单位乃至社会利益。由于本案中的社保补偿协议本身不具有法律效力，且用人单位有代扣代缴社会保险费的法定义务，未依法缴纳社会保险费的事实成立，故劳动监察部门理应对其做出处罚。

第三节　劳动权益

一、假务管理

（一）假务权益概述

休息休假是指劳动者在国家规定的法定工作时间外自行支配的时间，包括劳动者每天休息的时数、每周休息的天数、节假日、年休假等。它是公民的基本权利之一，受到国家法律法规的保护。

1. 宪法

我国宪法规定："中华人民共和国劳动者有休息的权利。国家发展劳动者休息和休养的设施，规定职工的工作时间和休假制度。"

2. 劳动法

劳动法中对于有关"工作时间和休息休假"也做出了相关规定：

国家实行劳动者每日工作时间不超过八小时、平均每周工作时间不超过四十四小时的工时制度。

用人单位应当保证劳动者每周至少休息一日。

有下列情形之一的，用人单位应当按照下列标准支付高于劳动者正常工作时间工资的工资报酬：

①安排劳动者延长工作时间的，支付不低于工资的百分之一百五十的工资报酬；

②休息日安排劳动者工作又不能安排补休的，支付不低于工资的百分之二百的工资报酬；

③法定休假日安排劳动者工作的，支付不低于工资的百分之三百的工资报酬。

3. 我国年节及纪念日放假办法

我国法定节假日的具体内容见表 3-3。

表 3-3　我国法定节假日的具体内容

法定节假日的类型	法定节假日的安排	备注
全体公民放假的节日	1. 元旦，放假1天（1月1日） 2. 春节，放假3天（农历正月初一、初二、初三） 3. 清明节，放假1天（农历清明当日） 4. 劳动节，放假1天（5月1日） 5. 端午节，放假1天（农历端午当日） 6. 中秋节，放假1天（农历中秋当日） 7. 国庆节，放假3天（10月1日、2日、3日）	全体公民放假的节日，如果适逢星期六、星期日，应当在工作日补假。部分公民放假的假日，如果适逢星期六、星期日，则不补假
部分公民放假的节日	1. 妇女节（3月8日），妇女放假半天 2. 青年节（5月4日），14周岁以上的青年放假半天 3. 儿童节（6月1日），不满14周岁的少年儿童放假1天 4. 建军节（8月1日），现役军人放假半天	

（二）加班及相关权益

加班是职工日常工作中的常见事项，也是最容易产生劳动纠纷的环节之一。所谓加班，一般指用人单位由于生产经营需要，经与工会和职工协商后，安排职工在法定工作时间之外继续工作的情形。

1. 职工加班的限制条件

对于单位职工来说，加班是常见的一种现象。法律对用人单位安排职工加班在程序上和时间上有所限制。用人单位由于生产经营需要，经与工会和劳动者协商后可以延长工作时间，一般每日不得超过一小时；因特殊原因需要延长工作时间的，在保障劳动者身体健康的条件下延长工作时间每日不得超过三小时，但是每月不得超过三十六小时。

2. 职工加班的特殊情况

在一些特殊情况下，延长工作时间不受上述规定的限制：

①发生自然灾害、事故或者因其他原因，威胁劳动者生命健康和财产安全，需要紧急处理的；

②生产设备、交通运输线路、公共设施发生故障，影响生产和公众利益，必须及时抢修的；

③法律、行政法规规定的其他情形。

以案说法

小杨于2020年7月进入某建设公司，劳动合同中规定公司实行标准工时制度。一天，小杨的领导让小杨周六加班，小杨因身体不适拒绝了。没想到公司因此给小杨记大过处分，还扣发两个月效益奖。小杨不服，向当地劳动争议仲裁机构提出仲裁申请。经仲裁委员会仲裁，该公司按平均效益奖标准补发了小杨的效益奖。

在本案例中，根据劳动法第四十一条规定，用人单位安排职工加班，应当及时通知职工并经职工同意。如果职工不同意，用人单位原则上不能强制职工加班。因此，该案例中职工可以拒绝加班，用人单位以此为由进行处罚是没有根据的违法行为。

（三）其他假务权益

1. 事假

事假指职工因私事，即除身体、工作之外的原因，需要停止工作的休假。这里的事假应区别于职工依法享有的年休假、探亲假、婚假、丧假等，因为事假的条件、天数以及事假期间的工资待遇可由用人单位在自己的规章制度中规定；而职工依法享有的休假的条件、天数以及休假期间的工资待遇相关法律都有明确规定，用人单位不能触碰其底线。

一般情况下，由于事假期间职工未向用人单位提供劳动，用人单位可以不支付事假期间的工资。

2. 病假

病假是指职工因自然患病（非职业病）或非因工负伤，需要停止工作，接受治疗或休息疗养的假期。对于职工而言，病假属于有薪假期。一般情况下，职工请病假都需要开具医院或医疗机构的证明材料。

关于病假期间的工资，若地方立法有相应规定的，用人单位需按照当地的规定执行。

3. 婚丧假

婚丧假是指职工本人结婚以及职工的直系亲属死亡时依法享受的假期。劳动者在婚丧假期间，用人单位应当依法支付工资。

以案说法

赵女士 18 岁进入某公司工作，1 年后决定结婚回老家办酒席，特向公司提出休婚假的申请。公司该不该批准呢？

《中华人民共和国婚姻法》第六条规定：“结婚年龄，男不得早于二十二周岁，女不得早于二十周岁。”同时，该法第八条规定：“要求结婚的男女双方必须亲自到婚姻登记机关进行结婚登记。符合本法规定的，予以登记，发给结婚证。取得结婚证，即确立夫妻关系。未办理结婚登记的，应当补办登记。”由上述两条法规可以看出，本案例中19岁的赵女士不符合法定结婚年龄要求，也没有进行结婚登记并取得结婚证。因此，本案中的公司可以拒绝赵女士的婚假申请。

4. 产假

产假是女职工在怀孕待产或生产期间，停止工作，工资照发的一种带薪假。

女职工生育享受98天产假，其中产前可以休假15天；难产的，增加产假15天；生育多胞胎的，每多生育1个婴儿，增加产假15天。

女职工怀孕未满4个月流产的，享受15天产假；怀孕满4个月流产的，享受42天产假。

女职工在孕期、产期、哺乳期内，企业不得终止劳动关系，合同期限应顺延至孕期、产期、哺乳期结束。

以案说法

女职工A某被一家公司录用。双方签订劳动合同期限为4年。签订合同的第3年A某开始休产假。公司合同规定：“女职工符合计划生育规定生育的，产假为56天。”A某没有按照公司的规定休产假，而是按照国家规定休息了98天。当A某上班时，公司根据内部规定，认定超出56天的假期为旷工，并给予除名处理，A某向有关部门提出申诉。

劳动法第六十二条规定："女职工生育享受不少于九十天的产假。"《女职工劳动保护特别规定》第七条规定："女职工生育享受98天产假……"该公司与A某签订的劳动合同中关于女职工产假为56天的规定，违反了劳动法和《女职工劳动保护特别规定》，属于无效合同，A某有权利享受98天的产假，不应视为旷工。故应撤销公司对A某的除名处理决定并补发按照旷工处理期间的待遇。

5. 年假

年假是国家根据劳动者工作年限和劳动繁重紧张程度，每年给予的一定期间的带薪连续休假。根据有关规定，职工连续工作满12个月以上的，享受带薪年休假，具体如下：

①职工累计工作已满1年不满10年的，年休假5天；

②已满10年不满20年的，年休假10天；

③已满20年的，年休假15天；

④国家法定休假日、休息日不计入年休假的假期。

带薪休假需要落到实处

用人单位经职工同意不安排年休假或者安排职工年休假天数少于应休年休假天数，应当在本年度内对职工应休未休年休假天数，按照其日工资收入的300%支付未休年休假工资报酬，其中包含用人单位支付职工正常工作期间的工资收入。

二、劳动保护

国家对女职工和未成年工实行特殊劳动保护。

（一）女职工劳动保护

为保护女职工的合法权益和身体健康，减少和解决女职工在劳动中因生理特点造成的特殊困难，创造积极、健康、和谐的社会环境，我国对女职工实行特殊劳动保护制度，劳动法和《女职工劳动保护特别规定》都对女职工禁忌从事的劳动范围进行了明确规定，用人单位在安排女职工工作时，应当遵守相关规定，并应当将本单位属于女职工禁忌从事的劳动范围的岗位书面告知女职工。

1. 劳动法的相关规定

劳动法对女职工禁忌从事的劳动范围的规定见表3-4。

表3-4　劳动法对女职工禁忌从事的劳动范围的规定

规定适用对象	法律条款
女职工	第五十九条　禁止安排女职工从事矿山井下、国家规定的第四级体力劳动强度的劳动和其他禁忌从事的劳动
经期女职工	第六十条　不得安排女职工在经期从事高处、低温、冷水作业和国家规定的第三级体力劳动强度的劳动
孕期女职工	第六十一条　不得安排女职工在怀孕期间从事国家规定的第三级体力劳动强度的劳动和孕期禁忌从事的劳动。对怀孕七个月以上的女职工，不得安排其延长工作时间和夜班劳动

续表

规定适用对象	法律条款
哺乳期女职工	第六十三条　不得安排女职工在哺乳未满一周岁的婴儿期间从事国家规定的第三级体力劳动强度的劳动和哺乳期禁忌从事的其他劳动，不得安排其延长工作时间和夜班劳动

2.《女职工劳动保护特别规定》的相关规定

《女职工劳动保护特别规定》对女职工禁忌从事的劳动范围的规定见表3-5。

表3-5　《女职工劳动保护特别规定》对女职工禁忌从事的劳动范围的规定

规定适用对象	禁忌从事的劳动范围
女职工	1. 矿山井下作业 2. 体力劳动强度分级标准中规定的第四级体力劳动强度的作业 3. 每小时负重6次以上、每次负重超过20公斤的作业，或者间断负重、每次负重超过25公斤的作业
经期女职工	1. 冷水作业分级标准中规定的第二级、第三级、第四级冷水作业 2. 低温作业分级标准中规定的第二级、第三级、第四级低温作业 3. 体力劳动强度分级标准中规定的第三级、第四级体力劳动强度的作业 4. 高处作业分级标准中规定的第三级、第四级高处作业
孕期女职工	1. 作业场所空气中铅及其化合物、汞及其化合物、苯、镉、铍、砷、氰化物、氮氧化物、一氧化碳、二硫化碳、氯、己内酰胺、氯丁二烯、氯乙烯、环氧乙烷、苯胺、甲醛等有毒物质浓度超过国家职业卫生标准的作业 2. 从事抗癌药物、己烯雌酚生产，接触麻醉剂气体等的作业 3. 非密封源放射性物质的操作，核事故与放射事故的应急处置 4. 高处作业分级标准中规定的高处作业 5. 冷水作业分级标准中规定的冷水作业 6. 低温作业分级标准中规定的低温作业 7. 高温作业分级标准中规定的第三级、第四级的作业 8. 噪声作业分级标准中规定的第三级、第四级的作业 9. 体力劳动强度分级标准中规定的第三级、第四级体力劳动强度的作业 10. 在密闭空间、高压室作业或者潜水作业，伴有强烈振动的作业，或者需要频繁弯腰、攀高、下蹲的作业

续表

规定适用对象	禁忌从事的劳动范围
哺乳期女职工	1. 孕期禁忌从事的劳动范围的第一项、第三项、第九项 2. 作业场所空气中锰、氟、溴、甲醇、有机磷化合物、有机氯化合物等有毒物质浓度超过国家职业卫生标准的作业

以案说法

刘某系某建筑公司女员工，2019 年 11 月，刘某已怀孕七个月，在例行产检时，医生建议刘某停止夜班劳动，并在工作时间内安排中间休息，以免影响胎儿健康。

从医院回来后，刘某持医院的检查证明，向公司申请停止安排其夜班工作，并允许其在工作过程中可以离岗休息。该要求被公司以工作任务繁重、人员安排不便为由拒绝。

刘某因此到当地劳动保障监察机构投诉，请求制止公司安排其夜班劳动的行为，并请求协调公司每天在工作时间安排一小时的休息时间。

劳动法第六十一条规定："不得安排女职工在怀孕期间从事国家规定的第三级体力劳动强度的劳动和孕期禁忌从事的劳动。对怀孕七个月以上的女职工，不得安排其延长工作时间和夜班劳动。"《女职工劳动保护特别规定》第六条规定："女职工在孕期不能适应原劳动的，用人单位应当根据医疗机构的证明，予以减轻劳动量或者安排其他能够适应的劳动。对怀孕 7 个月以上的女职工，用人单位不得延长劳动时间或者安排夜班劳动，并应当在劳动时间内安排一定的休息时间。"故刘某的要求是合理的。

（二）未成年工劳动保护

未成年工是指已被录用的，在法定最低就业年龄以上的未成年人。在我国，未成年工是指年龄已满 16 周岁未满 18 周岁的劳动者。未成年工与童工不同，二者以法定最低就业年龄为界，在此年龄之上的为未成年工，在此年龄之下的为童工。未成年工就业为法律所允许，但因其仍是未成年人，所以应对其进行特殊保护。使用童工则是非法行为，要受到法律制裁，只有特殊行业经批准才能招用童工。

未成年工虽已年满 16 周岁，能够参加工作，但仍属未成年人，其身体和智力尚未发育成熟。为了有利于青少年的健康成长，必须在劳动过程中对其安全和健康采取特殊保护措施，以适应其生理发育和知识增长的需要。有关未成年工特殊保护的具体范围和措施，主要包括以下几个方面：

1. 职业禁忌

身体发育尚未成熟的未成年工，不能适应特别繁重及危险的工作，他们对有毒有害作业的抵抗力也较弱，因此我国法律对未成年工的职业禁忌有特殊规定。用人单位应严格遵守以下法律法规中关于未成年工职业禁忌的规定，防止侵犯未成年工合法权益的事件发生。

劳动法规定："不得安排未成年工从事矿山井下、有毒有害、国家规定的第四级体力劳动强度的劳动和其他禁忌从事的劳动。"

《未成年工特殊保护规定》第三条规定，用人单位不得安排未成年工从事以下范围的劳动：

①《生产性粉尘作业危害程度分级》国家标准中第一级以上的接尘作业；

②《有毒作业分级》国家标准中第一级以上的有毒作业；

③《高处作业分级》国家标准中第二级以上的高处作业；

④《冷水作业分级》国家标准中第二级以上的冷水作业；

⑤《高温作业分级》国家标准中第三级以上的高温作业；

⑥《低温作业分级》国家标准中第三级以上的低温作业；

⑦《体力劳动强度分级》国家标准中第四级体力劳动强度的作业；

⑧矿山井下及矿山地面采石作业；

⑨森林业中的伐木、流放及守林作业；

⑩工作场所接触放射性物质的作业；

⑪有易燃易爆、化学性烧伤和热烧伤等危险性大的作业；

⑫地质勘探和资源勘探的野外作业；

⑬潜水、涵洞、涵道作业和海拔三千米以上的高原作业（不包括世居高原者）；

⑭连续负重每小时在六次以上并每次超过二十公斤，间断负重每次超过二十五公斤的作业；

⑮使用凿岩机、捣固机、气镐、气铲、铆钉机、电锤的作业；

⑯工作中需要长时间保持低头、弯腰、上举、下蹲等强迫体位和动作频率每分钟大于五十次的流水线作业；

⑰锅炉司炉。

2. 健康检查要求

劳动法规定："用人单位应当对未成年工定期进行健康检查。"由于未成年工正处于身体发育时期，因此，定期的身体检查可以及时了解未成年工的身体状况，以保证其健康。

用人单位应在安排工作岗位之前、工作满 1 年以及年满 18 周岁且距前一次的体检时间已超过半年时对未成年工定期进行健康检查。用人单位应根据未成年工的健康检查结果安排其从事适合的劳动，对不能胜任原劳动岗位的，应根据医务部门的证明，予以减轻劳动量或安排其他劳动。

以案说法

2018 年 8 月 27 日，年满 16 周岁的邓某被某国营煤矿招为合同制工人，在矿办公室当通信员，双方签订了为期五年的劳动合同。在办理相关手续时，经过了当地劳动部门审批，并对邓某进行了体格检查。2019 年 5 月 9 日，该矿因精简机构，压缩非生产部门工作人员，安排邓某下井到采掘面工作，邓某当即拒绝，并说明原因。矿方也认为安排其从事井下工作不妥，并于同月 12 日安排邓某到锅炉房干司炉工作，也被邓某拒绝。事后，一些工人反映因邓某不到一线工作，他们也不去一线。这样一来，矿方认为邓某不服从分配，已经给矿上的工作造成不良影响。于是，2019 年 5 月 22 日，矿长办公室决定辞退邓某，并于第二天张贴了公告且向邓某送达了辞退通知书。邓某不服，认为单位对其调整的工作属于国家规定禁止未成年工从事的范围，因此，向当地劳动争议仲裁委员会提出申诉，要求单位撤销对其的辞退决定，安排力所能及的工作。

仲裁委员会认为：申诉人邓某年仅 17 周岁，属于未成年工，依法应受到特殊保护。被诉人某国营煤矿先后两次安排申诉人邓某的工作，但工作范围均违反了《未成年工特殊保护规定》第三条第八项和第十七项的规定，即用人单位不得安排未成年工从事矿山井下及矿山地面采石作业和锅炉司炉的工作，申诉人拒绝被诉人安排上述工作是正当的，应予支持；被诉人因申诉人不服从分配而作出对申诉人辞退处理的决定是错误的，应立即纠正。

三、职业健康与卫生

随着社会经济和文明的进步与发展，人们愈来愈认识到社会进步与经济发展处于同等重要的地位，经济发展的最终目的不仅仅是创造财富，而且是使人类能够过上高质量的生活，经济的发展不应以牺牲劳动者的健康作为代价。因此，预防和控制职业危害，改善劳动者的作业环境，提高劳动者的健康素质，防止发生职业病，是中国共产党代表广大劳动人民群众根本利益的具体体现。

（一）什么是职业病

职业病是指企业、事业单位和个体经济组织等用人单位的劳动者在职业活动中，因接触粉尘、放射性物质和其他有毒、有害因素而引起的疾病。

《中华人民共和国职业病防治法》规定的职业病，必须具备以下四个条件：

①患病主体是企业、事业单位或个体经济组织的劳动者；

②必须是在从事职业活动的过程中产生的；

③必须是因接触粉尘、放射性物质和其他有毒、有害因素引起的；

④必须是国家公布的职业病分类和目录所列的职业病。

以上四个条件缺一不可。按照规定，诊断为法定（规定）职业病的，需由诊断部门向卫生主管部门报告；规定职业病患者，在治疗休息期间，以及确定为伤残或治疗无效而死亡时，按照国家有关规定，享受工伤保险待遇或职业病待遇。

（二）职业病分类

健康工作　幸福生活

国家卫生计生委、人力资源社会保障部、安全监管总局、全国总工会四部门联合发布的《职业病分类和目录》，将职业病分为十大类132种，分别是：

①职业性尘肺病及其他呼吸系统疾病，如矽肺、煤工尘肺、滑石尘肺、水泥尘肺、电焊工尘肺、过敏性肺炎、哮喘等；

②职业性皮肤病，如接触性皮炎、光接触性皮炎、电光性皮炎、黑变病、痤疮、溃疡、白斑等；

③职业性眼病，如化学性眼部灼伤、电光性眼炎、白内障等；

④职业性耳鼻喉口腔疾病，如噪声聋、铬鼻病、牙酸蚀病、爆震聋等；

⑤职业性化学中毒，如铅及其化合物中毒（不包括四乙基铅）、汞及其化合物中毒、二氧化硫中毒、甲醛中毒等；

⑥物理因素所致职业病，如中暑、减压病、高原病、手臂振动病、激光所致眼（角膜、晶状体、视网膜）损伤、冻伤等；

⑦职业性放射性疾病，如外照射急性放射病、外照射亚急性放射病、外照射慢性放射病、放射性皮肤疾病、放射性骨损伤等；

⑧职业性传染病，如炭疽、森林脑炎、布鲁氏菌病、莱姆病等；

⑨职业性肿瘤，如石棉所致肺癌、间皮瘤、联苯胺所致膀胱癌，苯所致白血病，煤焦油、煤焦油沥青、石油沥青所致皮肤癌等；

⑩其他职业病，如金属烟热、滑囊炎（限于井下工人）、股静脉血栓综合征等。

延伸阅读

要职业，不要职业病

尘肺病，是指在职业活动中，吸入生产性粉尘而引起的以肺组织弥漫性纤维化为主的全身性疾病，是我国目前发病率最高、危害最严重的职业病种，以矽肺、煤工尘肺、石棉肺、水泥尘肺等最为常见。

目前防尘八字方针是“革、水、密、风、护、管、教、查”，其含义是工艺改革和技术革新、湿式作业、密闭尘源、通风除尘、个体防护、加强管理、宣传教育、监督检查。对于粉尘作业劳动者，防尘口罩有着“防火墙”的作用。

（三）职业病的防治

职业病是一种人为的疾病。它的发生率与患病率的高低，直接反映疾病预防控制工作的水平。依照职业病防治法“预防为主，防治结合”的方针，职业病的防治主要包括以下内容。

1. 严格执行职业卫生法规和卫生标准

截至目前，国家制定和颁布了劳动法、职业病防治法、尘肺病防治条例等一系列劳动保护法规和数百个职业卫生标准，这些法规和标准都是实践和科学实验的经验总结，是做好职业病预防和控制工作的依据。用人单位必须认真贯彻执行，并对执行情况进行监督检查。

2. 对工作环境职业危害因素进行监测和评价

用人单位应当经常和定期监测工作环境中有害因素的浓（强）度，及时了解有害因素产生、扩散、变化规律，鉴定防护设施的效果，以及对接触化学物质劳动者的血、尿等生物材料中的有害物质或其他代谢产物及一些生化指标进行监测。发现工作环境中有害因素浓（强）度超过卫生标准或生物材料中化学物质的含量超过正常值范围时，要查明原因，为采取措施提供依据。

3. 对劳动者进行职业健康检查

用人单位应当对劳动者进行上岗前、在岗期间和离岗时的职业健康检查。在上岗前的检查中如发现劳动者有不宜从事某一职业危害因素作业的职业禁忌的，不得安排其从事所禁忌的作业。定期健康检查便于早期发现病人，及时处理，防止职业危害的发展，为制定预防对策提供依据。

职业病防治法第三十五条规定："职业健康检查费用由用人单位承担。"

4. 建立职业健康监护档案

职业病防治法第三十六条规定："用人单位应当为劳动者建立职业健康监护档案，并按照规定的期限妥善保存。职业健康监护档案应当包括劳动者的职业史、职业病危害接触史、职业健康检查结果和职业病的诊疗等有关个人健康资料。"

5. 消除职业危害，改善劳动条件

禁止生产、进口和使用国际上禁止的严重危害人体健康的物质。

改善作业方式，减少有害因素散发。

加强设备的维护检修和管理，减少有毒物质的跑、冒、滴、漏。

搞好工作场所的环境卫生，消除有害物质的二次污染。

6. 合理使用有效的个人防护用品

在工作场所有害因素的浓（强）度高于国家卫生标准，或因进行设备检修而不得不接触高浓（强）度有害物质时，必须配备有效的个人防护用品。

7. 开展职业卫生培训，普及防护知识

用人单位和劳动者要通过职业卫生培训，学习有关职业病防治的政策和法规、职业危害及其防护知识，提高对改善劳动条件、控制职业危害重要性的认识，防止职业病的发生。

学习职业病防治知识，增强劳动者防护意识

8. 职业病的报告和统计

用人单位和医疗卫生机构发现职业病病人或者疑似职业病病人时，应当及时向所在地卫生行政部门和安全生产监督管理部门报告。职业病的报告和统计，为制定职业病防治规划和提高职业病防治工作的成效提供了重要的信息和依据。

9. 职业病病人的待遇

职业病病人依法享受国家规定的职业病待遇。用人单位对不适宜继续从事原工作的职业病病人，应当调离原岗位，并妥善安置。用人单位对从事接触职业病危害的作业的劳动者，应当给予适当岗位津贴。

职业病病人的诊疗、康复费用，伤残以及丧失劳动能力的职业病病人的社会保障，按照国家有关工伤保险的规定执行。职业病病人除依法享有工伤保险外，依照有关民事法律，尚有获得赔偿的权利的，有权向用人单位提出赔偿要求。

以案说法

（一）

2005 年 3 月 7 日，常熟市卫生局派员对常熟市某电镀氧化有限责任公司进行职业卫生执法检查，发现该公司主要从事镀铬、镀镍等电镀加工，存在铬酸、硫酸、盐酸、硝酸、其他粉尘等职业病危害因素，但该公司未按规定组织从事职业病危害作业的 37 名劳动者进行职业健康检查，并且未为劳动者建立职业健康监护档案。

该公司的上述行为，违反了《中华人民共和国职业病防治法》的相关规定，依据《中华人民共和国职业病防治法》第六十四条的规定，市卫生局责令该公司改正，给予警告并处罚款三万元的行政处罚。

（二）

李某在某煤矿工作至 2012 年 10 月退休。退休时，该煤矿未安排李某体检。2019 年 3 月 19 日，李某被诊断为尘肺一期，后被认定为工伤，经鉴定为伤残四级。李某遂诉至法院，要求煤矿支付医药费、住院伙食补助费和护理费等工伤保险待遇。法院审理认为，该煤矿未按照法律规定在李某离职前为其安排健康体检，不能证明李某的尘肺病为离职后所患，判决该煤矿承担相应的工伤赔付责任。

根据职业病防治法规定，对从事接触职业病危害的作业的劳动者，用人单位应组织上岗前、在岗期间和离岗时的职业健康检查，对未进行离岗前职业健康检查的劳动者不得解除或者终止与其订立的劳动合同。未履行法定义务的用工单位应承担相应的赔偿责任。

四、安全生产

（一）安全教育培训

安全教育培训可以赋予职工安全生产风险知识和风险防范意识与技能，使其能更好地胜任工作，避免或减轻职业危害，防止各类事故的发生。为确保安全教育培训的贯彻，防止和减少生产安全事故，保障职工生命和财产安全，我国制定了多项涉及安全教育培训的法律法规。

1. 劳动法关于安全教育培训的规定

用人单位必须建立、健全劳动安全卫生制度， 严格执行国家劳动安全卫生规程和标准，对劳动者进行劳动安全卫生教育，防止劳动过程中的事故，减少职业危害。

用人单位应当建立职业培训制度，按照国家规定提取和使用职业培训经费，根据本单位实际，有计划地对劳动者进行职业培训。从事技术工种的劳动者，上岗前必须经过培训。

2. 安全生产法关于安全教育培训的规定

生产经营单位的从业人员有依法获得安全生产保障的权利，并应当依法履行安全生产方面的义务。

生产经营单位应当对从业人员进行安全生产教育和培训，保证从业人员具备必要的安全生产知识，熟悉有关的安全生产规章制度和安全操作规程，掌握本岗位的安全操作技能，了解事故应急处理措施，知悉自身在安全生产方面的权利和义务。未经安全生产教育和培训合格的从业人员，不得上岗作业。

生产经营单位使用被派遣劳动者的，应当将被派遣劳动者纳入本单位从业人员统一管理，对被派遣劳动者进行岗位安全操作规程和安全操作技能的教育和培训。劳务派遣单位应当对被派遣劳动者进行必要的安全生产教育和培训。

生产经营单位接收中等职业学校、高等学校学生实习的，应当对实习学生进行相应的安全生产教育和培训，提供必要的劳动防护用品。学校应当协助生产经营单位对实习学生进行安全生产教育和培训。

生产经营单位应当建立安全生产教育和培训档案，如实记录安全生产教育和培训的时间、内容、参加人员以及考核结果等情况。

生产经营单位有下列行为之一的，责令限期改正，处十万元以下的罚款；逾期未改正的，责令停产停业整顿，并处十万元以上二十万元以下的罚款，对其直接负责的主管人员和其他直接责任人员处二万元以上五万元以下的罚款：

①未按照规定设置安全生产管理机构或者配备安全生产管理人员、注册安全工程师的；

②危险物品的生产、经营、储存、装卸单位以及矿山、金属冶炼、建筑施工、运输单位的主要负责人和安全生产管理人员未按照规定经考核合格的；

③未按照规定对从业人员、被派遣劳动者、实习学生进行安全生产教育和培训，或者未按照规定如实告知有关的安全生产事项的；

④未如实记录安全生产教育和培训情况的；

⑤未将事故隐患排查治理情况如实记录或者未向从业人员通报的；

⑥未按照规定制定生产安全事故应急救援预案或者未定期组织演练的；

⑦特种作业人员未按照规定经专门的安全作业培训并取得相应资格，上岗作业的。

由上述法律条款可知，用人单位必须对从业人员进行安全生产教育和培训，不得安排未经安全生产教育和培训合格的从业人员上岗，否则将会受到处罚。

延伸阅读

用人单位安全教育培训实施步骤

（1）用人单位编制安全教育培训计划，并做好安全教育培训准备。

（2）用人单位实施安全教育培训计划，并如实记录安全生产教育和培训情况。

（3）培训结束后，用人单位对接受培训的员工进行培训效果考核评估。

（4）考核合格的，安排员工正式上岗；考核未合格的，安排其再次接受安全教育培训并补考。用人单位不得安排考核不合格者上岗。

（二）劳动防护用品

劳动防护用品是指由生产经营单位为从业人员配备的，使其在劳动过程中免遭或者减轻事故伤害及职业危害的个人防护装备。用人单位应根据实际安全生产、防止职业性危害的需要，按照不同工种、不同劳动条件，向职工发放劳动防护用品，并确保劳动防护用品的有效性及使用合规性。

1. 我国有关法律规定

（1）劳动防护用品的配置和佩戴、使用规定

生产经营单位必须为从业人员提供符合国家标准或者行业标准的劳动防护用品，并监督、教育从业人员按照使用规则佩戴、使用。

生产经营单位应当安排用于配备劳动防护用品、进行安全生产培训的经费。

从业人员在作业过程中，应当严格落实岗位安全责任，遵守本单位的安全生产规章制度和操作规程，服从管理，正确佩戴和使用劳动防护用品。

安全在我心中，生命在我手中

从上述法律规定可知，用人单位不仅必须为从业人员提供必要的劳动防护用品，还得监督、指导职工正确佩戴和使用劳动防护用品，同时法律也对从业人员在作业过程中正确佩戴和使用劳动防护用品提出了要求。

（2）未提供必要劳动防护用品的法律责任

为确保用人单位能认真、及时、合规地向从业人员发放劳动防护用品，提高用人单位对劳动防护用品使用的重视程度，维护从业人员的生命财产安全，我国法律对用人单位未向从业人员提供必要劳动防护用品的行为制定了相关罚则。

用人单位的劳动安全设施和劳动卫生条件不符合国家规定或者未向劳动者提供必要的劳动防护用品和劳动保护设施的，由劳动行政部门或者有关部门责令改正，可以处以罚款；情节严重的，提请县级以上人民政府决定责令停产整顿；对事故隐患不采取措施，致使发生重大事故，造成劳动者生命和财产损失的，对责任人员依照刑法有关规定追究刑事责任。

生产经营单位有未为从业人员提供符合国家标准或者行业标准的劳动防护用品的行为的，责令限期改正，处五万元以下的罚款；逾期未改正的，处五万元以上二十万元以下的罚款，对其直接负责的主管人员和其他直接责任人员处一万元以上二万元以下的罚款；情节严重的，责令停产停业整顿；构成犯罪的，依照刑法有关规定追究刑事责任。

2. 劳动防护用品的分类

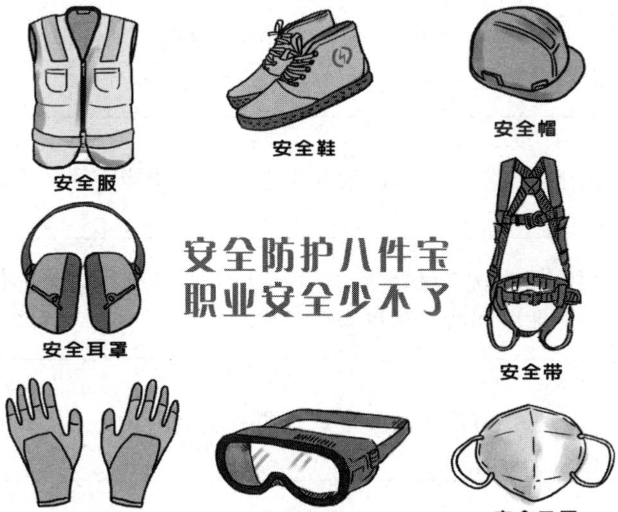

安全防护八件宝，职业安全少不了

劳动防护用品根据不同的分类方法，可分为很多种类，其中按照人的生理部位来划分，可分为头部防护、呼吸防护、眼部防护、听力防护、脚部防护、手部防护、身体防护、防坠落护具和护肤用品，具体见表 3-6。

表 3-6 劳动防护用品分类表

分类	说明
头部防护	用于保护头部，防撞击、挤压伤害，防物料喷溅，防粉尘等，如安全帽、防尘帽、防水帽、防静电帽、防电磁辐射帽等
呼吸防护	用于保护呼吸系统，防止吸入粉尘或有毒气体，如活性炭口罩、动力呼吸保护器、防毒面具等
眼部防护	用于保护眼睛、面部，防止外来伤害，如焊接用眼护具、防冲击眼护具、激光防护镜、防尘眼罩等
听力防护	用于保护听觉器官，有耳塞、耳罩和帽盔三类
脚部防护	用于保护足部免受伤害，如防尘鞋、防水鞋、防高温鞋、绝缘鞋、防静电鞋等
手部防护	用于手部防护，有耐酸碱手套、电工绝缘手套、电焊手套等
身体防护	用于保护职工免受劳动环境中的物理、化学因素的伤害，分为一般作业服和特殊防护服两类
防坠落护具	用于防止坠落事故发生，主要有安全带、安全绳和安全网
护肤用品	用于外露皮肤的保护，分为护肤膏和洗涤剂

延伸阅读

劳动防护用品的使用要求

劳动防护用品使用前应首先做一次外观检查。检查的目的是认定用品对有害因素防护效能的程度，用品外观有无缺陷或损坏，各部件组装是否严密，启动是否灵活等。

劳动防护用品的使用必须在其性能范围内，不得超极限使用；不得使用未经国家指定、经监测部门认可（国家标准）和检测还达不到标准的产品；不能随便代替，更不能以次充好。

劳动者必须严格按照使用说明书正确使用劳动防护用品。

以案说法

某水泥厂忽视劳动安全卫生管理，舍不得花钱安装必要的防尘设备，使生产区的粉尘浓度严重超标，又因厂方提供的劳动保护用品是不合格产品，所以严重危害了劳动者的健康，导致5年内共有56名职工先后患上尘肺病，其中18人死亡。

劳动安全卫生监察机构根据群众举报，对此进行了调查处理，根据调查结果对该厂进行了经济处罚，并提请当地主管部门责令其停业整顿。水泥厂在这种情况下才安装了除尘设备。

结果，该厂用于受害职工的医疗费、丧葬费、赔偿费以及劳动部门的罚款之和是安装除尘设备所需费用的6倍。

（三）特种作业管理

特种作业指容易发生事故，对操作者本人、他人的安全健康及设备、设施的安全可能造成重大危害的作业。从事特种作业的人员称为特种作业人员。

生产经营单位的特种作业人员必须按照国家有关规定经专门的安全作业培训，取得相应资格，方可上岗作业。特种作业人员的范围由国务院应急管理部门会同国务院有关部门确定。

可见，由于特种作业人员所从事的工作潜在危险性较大，一旦发生事故不仅会给作业人员自身的生命安全造成危害，而且也容易对其他从业人员以至人民群众的生命和财产安全造成威胁。因此，安全生产法规定特种作业人员必须经过专门安全作业培训，取得相应资格，才能上岗作业。特种作业人员未经专门安全作业培训并取得相应资格的，不得上岗作业，否则就要追究其所在生产经营单位的责任。

1. 特种作业人员的范围

原国家安全生产监督管理总局发布的《特种作业人员安全技术培训考核管理规定》中规定，特种作业人员是指直接从事特种作业的从业人员，而特种作业的范围由特种作业目录规定，按照目录，特种作业主要包括以下 11 类：电工作业、焊接与热切割作业、高处作业、制冷与空调作业、煤矿安全作业、金属非金属矿山安全作业、石油天然气安全作业、冶金（有色）生产安全作业、危险化学品安全作业、烟花爆竹安全作业、安全监管总局认定的其他作业。

2. 特种作业人员必须具备的条件

根据《特种作业人员安全技术培训考核管理规定》，特种作业人员应当符合下列条件：

①年满 18 周岁，且不超过国家法定退休年龄；

②经社区或者县级以上医疗机构体检健康合格，并无妨碍从事相应特种作业的器质性心脏病、癫痫病、美尼尔氏症、眩晕症、癔病、震颤麻痹症、精神病、痴呆症以及其他疾病和生理缺陷；

③具有初中及以上文化程度；

④具备必要的安全技术知识与技能；

⑤相应特种作业规定的其他条件。

危险化学品特种作业人员除符合前款第 1 项、第 2 项、第 4 项和第 5 项规定的条件外，应当具备高中或者相当于高中及以上文化程度。

3. 特种作业人员持证上岗要求

根据《特种作业人员安全技术培训考核管理规定》，特种作业人员必须经专门的安全技术培训并考核合格，取得《中华人民共和国特种作业操作证》（以下简称特种作业操作证）后，方可上岗作业。特种作业人员的安全技术培训、考核、发证、复审工作实行统一监管、分级实施、教考分离的原则。

（1）取证培训要求

特种作业人员应当接受与其所从事的特种作业相应的安全技术理论培训和实际操作培训。

已经取得职业高中、技工学校及中专以上学历的毕业生从事与其所学专业相应的特种作业，持学历证明经考核发证机关同意，可以免予相关专业的培训。

对特种作业人员的安全技术培训，具备安全培训条件的生产经营单位应当以自主培训为主，也可以委托具备安全培训条件的机构进行培训。不具备安全培训条件的生产经营单位，应当委托具备安全培训条件的机构进行培训。生产经营单位委托其他机构进行特种作业人员安全技术培训的，保证安全技术培训的责任仍由本单位负责。

（2）取证考试要求

特种作业人员的考核包括考试和审核两部分。考试由考核发证机关或其委托的单位负责，审核由考核发证机关负责。

参加特种作业操作资格考试的人员，应当填写考试申请表，由申请人或者申请人的用人单位持学历证明或者培训机构出具的培训证明向申请人户籍所在地或者从业所在地的考核发证机关或其委托的单位提出申请。

特种作业操作资格考试包括安全技术理论考试和实际操作考试两部分。考试不及格的，允许补考一次。经补考仍不及格的，重新参加相应的安全技术培训。

符合条件并经考试合格的特种作业人员，应当向其户籍所在地或者从业所在地的考核发证机关申请办理特种作业操作证，并提交身份证复印件、学历证书复印件、体检证明、考试合格证明等材料。

考核发证机关应当对符合条件的申请人员颁发特种作业操作证。特种作业操作证在全国范围内有效。

以案说法

2016年2月28日13时许，江苏某建设公司员工施某在海宁某家居有限公司楼顶光伏电站施工作业，整理发电板线路，在对连接插头进行拔插时，突然倒地不省人事，经送海宁市人民医院抢救无效死亡，医院诊断死亡原因为电击伤。

经调查，死者施某是协助电工做辅助工作的，事发时被安排进行带电线路整理工作，已超出其工作职责范围，且其并未取得电工操作证。作业时，施某所戴手套为非电工专用的绝缘手套，该手套的拇指、食指部位有被电击烧穿的痕迹，事发现场屋面彩钢板上也有明显的电击烧焦痕迹。

直接原因：本起事故是一起典型的特种作业人员无证上岗生产安全事故。该公司违章指挥未取得电工操作证的施某从事带电作业，且未给其配备符合要求的绝缘手套。

间接原因：该公司主要负责人及项目主要负责人对施工作业现场安全监督管理不力，未及时发现和制止施某违章作业。

第四篇　建设行业安全知识

生命重于泰山。各级党委和政府务必把安全生产摆到重要位置，树牢安全发展理念，绝不能只重发展不顾安全，更不能将其视作无关痛痒的事，搞形式主义、官僚主义。要针对安全生产事故主要特点和突出问题，层层压实责任，狠抓整改落实，强化风险防控，从根本上消除事故隐患，有效遏制重特大事故发生。

——2020 年 4 月，习近平总书记对安全生产作出的重要指示

安全生产是安全与生产的统一，对员工来说，它保护劳动者的基本安全健康；对社会来说，它保护国家和企业财产，促进社会生产力的发展。作为建设行业的从业人员，必须对该行业的安全生产知识有充分的了解，牢固树立“安全重在防范，责任重于泰山”的宗旨意识。

建设行业是我国国民经济的支柱产业，也是一个危险性较大的行业，施工现场存在着很多不确定的危险因素。而从事现场建筑施工的大部分是进城的农民工，他们一般都没有经过专门培训，很难适应施工生产的需要。为了帮助农民工了解和掌握在建筑施工中基本的安全常识以增强自我安全防范意识，做到既不伤害自己，也不伤害他人，同时还能不被他人伤害，认真做好预防和减少建筑施工伤亡事故，普及建设行业安全知识势在必行。

第一节　主要安全标志识别

安全标志是向工作人员警示工作场所或周围环境的危险状况，指导人们采取合理行为的标志。安全标志能够提醒工作人员预防危险，从而避免事故发生。当危险发生时，安全标志也能够指示人们尽快逃离，或者指示人们采取正确、有效、得力的措施，对危害加以遏制。安全标志不仅类型要与所警示的内容相吻合，而且设置位置要正确合理，否则就难以真正充分发挥其警示作用。

安全标志是由安全色、图形符号、几何图形（边框）或文字构成，用以表达特定的安全信息的标志。

一、安全色

安全色是表达安全信息含义的颜色，表示禁止、警告、指令、提示等，安全色包括红、蓝、黄、绿四种颜色，其含义和用途见表 4-1。

表 4-1　安全色含义及用途

安全色	对比色	含义	用途举例
红色	白色	禁止、停止、危险、消防	禁止人们触动的手柄、按钮或危险部位等
黄色	黑色	警告、注意	危险机器和坑边周围的警戒线、机械上齿轮箱的内部、行车道中线等
蓝色	白色	指令、必须遵守	必须佩戴个人防护用具、指引车辆和行人行驶方向的指令等（这些指令必须与几何图形同时使用）

续表

安全色	对比色	含义	用途举例
绿色	白色	安全	各种提示标志，机器启动按钮、安全通道、疏散通道、应急避难场所等

另外，红色和白色间隔条纹表示禁止越过，黄色和黑色间隔条纹表示警告危险，比如施工现场吊车吊钩的滑架、危险部位及敷设的栏杆等。

二、安全标志的形式

（一）禁止标志

禁止标志是表示不准或制止人们的某些行动与行为。禁止标志的几何图形是带斜杠的圆环，其中圆环与斜杠相连，用红色；图形符号用黑色，背景用白色。如下图所示。

常用禁止标志

（二）警告标志

警告标志是提示人们注意可能发生危险。警告标志的几何图形是黑色的正三角形边框、黑色符号和黄色背景，如下图所示。

常用警告标志

（三）指令标志

指令标志是必须遵守的意思。指令标志的几何图形是圆形边框、白色图形符号和蓝色背景，如下图所示。

常用指令标志

（四）提示标志

提示标志是示意目标的方向的标志。提示标志的几何图形是方形边框、绿色背景和白色图形符号及文字，如下图所示。

常用提示标志

三、文字辅助标志

安全标志下方的文字辅助标志的基本形式是矩形边框，包括横写和竖写两种。

（一）横写的文字辅助标志

横写时，文字辅助标志写在标志的下方，可以和标志连在一起，也可以分开。此时，禁止标志、指令标志为白色字，衬底色为标志的颜色；警告标志为黑色字，衬底色为白色。如下图所示。

横写的文字辅助标志

（二）竖写的文字辅助标志

竖写时，文字辅助标志写在标志杆的上部。此时，禁止标志、警告标志、指令标志、提示标志均为白色衬底，黑色字，且标志杆下部色带的颜色应和标志的颜色相一致。如下图所示。

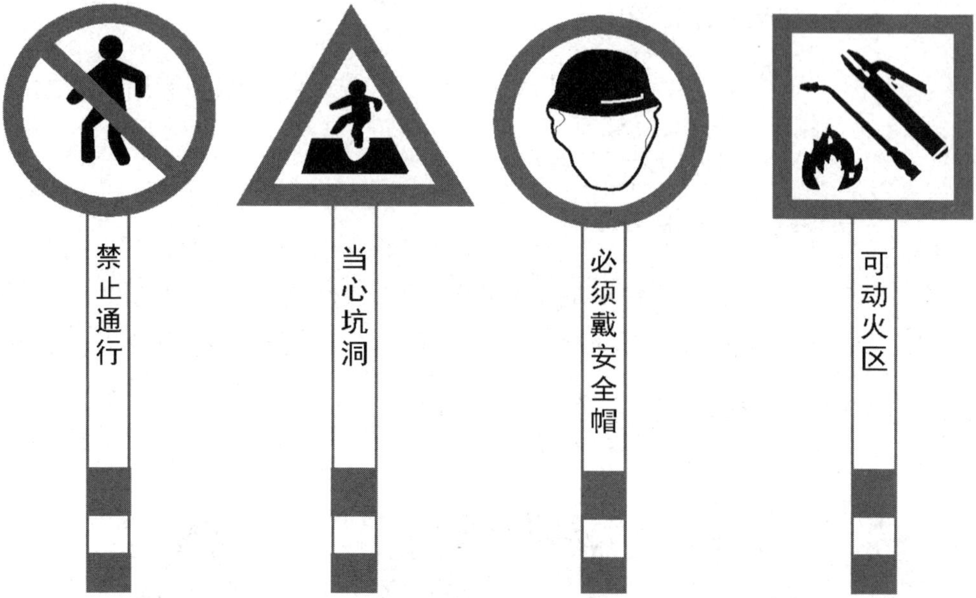

竖写的文字辅助标志

四、施工现场安全标志牌的使用要求

标志牌设置的高度，应尽量与人眼的视线高度相一致。悬挂式和柱式的环境信息标志牌的下缘距地面的高度不宜小于 2 米；局部信息标志的设置高度应视具体情况确定。

标志牌应设在与安全有关的醒目地方，并使大家看见后，有足够的时间来注意它所表示的内容。环境信息标志宜设在有关场所的入口处和醒目处；局部信息标志应设在所涉及的相应危险地点或设备（部件）附近的醒目处。

标志牌不应设在门、窗、架等可移动的物体上，以免标志牌随母体物体相应移动，影响认读。标志牌前不得放置妨碍认读的障碍物。

多个标志牌在一起设置时，应按警告、禁止、指令、提示类型的顺序，先左后右、先上后下地排列。

安全标志牌至少每半年检查一次，如发现有破损、变形、褪色等不符合要求的情况，应及时修整或更换。

第二节　作业安全知识

安全生产是人类生存发展过程中永恒的主题。随着社会的进步和经济的发展，安全问题正愈来愈多地受到整个社会的关注与重视。搞好安全生产工作，保证人民群众的生命和财产安全，是实现我国国民经济可持续发展的前提和保障，是提高人民群众的生活质量，促进社会稳定与创造和谐社会的基础。

建筑施工安全是我们建设行业的基石，是施工企业各项工作的前提。企业员工应牢固树立“安全第一，预防为主，综合治理”的思想，真正做到“人人讲安全，时时讲安全，事事讲安全”，杜绝一切违章现象，确保企业安全生产。千里之堤可能因蚁穴而溃，参天大树可能因虫蛀而折，企业的安全生产也是这个道理，如果不扎扎实实做好各项安全预防工作，安全生产就如同一句空话，所引发的后果也是可想而知的。

一、起重安全

（一）起重作业安全规定

起重作业，是指所有的利用起重机械或起重工具移动重物的操作活动。除了利用起重机械搬运重物以外，使用起重工具，如千斤顶、滑轮、手拉葫芦、自制吊架、各种绳索等，垂直升降或水平移动重物，均属于起重作业范畴。

塔式起重机

门座式起重机

汽车起重机

在建设行业中，采用起重作业可以省时省力，提高劳动生产率，但也不能忽视起重作业具有安全高风险的特性，因此为了确保起重运输生产过程的安全，起重作业人员应遵守以下 10 项安全规定：

①起重作业人员应经过专业培训，并经考试合格持有特种作业证，方能参加起重操作；

②起重作业人员在工作前必须戴好安全帽，并对投入作业的机械设备严格检查，确保完好、可靠；

③现场指挥信号要统一、明确，坚决反对瞎指挥；

④使用的动力设备必须接地且绝缘良好，移动灯具应使用安全电压；

⑤工作用具必须捆绑牢固，经试吊确认无问题后，方可起吊；

⑥使用起重扒杆定位要正确，封底要牢靠，不允许在受力后产生有危险的扭、弯等现象；

⑦使用缆绳应不少于 3 根，并不准在电线杆、机电设备和管道支架上系结；

⑧起重区域周围应设置警戒线，严禁非工作人员通行；遇 6 级以上大风时，严禁露天作业；

⑨在起重物件就位固定前，不准在索具受力或被吊物悬空的情况下中断工作；

⑩被吊物悬空时，严禁行人在吊物、吊臂下停留或穿行。

（二）使用吊钩的注意事项

使用吊钩时应注意如下事项：

①吊钩、吊环表面应该光滑，在使用 1~3 年后，要进行一次检查；

②当发现吊钩危险断面上，其磨损程度超过 10% 时，应降低载荷使用；

③吊钩的负荷试验：将额定起重量为 125% 的重物，悬挂 10 分钟，在卸载后，测量钩口，如果吊钩有永久变形和裂纹，则应更新或降低负荷使用。

（三）起重作业“十不吊”原则

①超过额定负荷不吊；

②指挥信号不明、重量不明、光线暗淡不吊；

③吊索和附件捆缚不牢，不符合安全要求不吊；

④行车吊挂重物直接进行加工时不吊；

⑤歪拉斜挂不吊；

⑥工件上站人或工件上浮放有活动物件的不吊；

⑦氧气瓶、乙炔发生器等爆炸性物品不吊；

⑧带棱角快口物件尚未垫好（防止钢丝绳磨损或割断）不吊；

⑨埋在地下的物体未采取措施不拨吊；

⑩违章指挥不吊。

以案说法

2017 年 7 月 26 日 23 时 30 分许，青连铁路跨胶州湾特大桥工程跨双埠立交桥附近，一辆汽车起重机在道路边吊装一根旋挖钻钻杆时发生倾翻，起重机吊臂将路北一板房压塌，致板房内一名人员受伤，后经抢救无效死亡。

（1）直接原因

起重机操作人员王某凯未取得汽车起重机驾驶资格，安全意识淡薄，操作力矩限制器、水平仪失效的起重机在不平整的场地中起吊，因吊装作业中吊载严重超出额定起重量的物品，导致发生整机倾覆。

（2）间接原因

吉安公司进行起重吊装作业未安排专门的信号指挥人员进行现场指挥，未对吊装作业进行安全技术交底，且未对进场机械设备及人员进行查验。现场负责人王某林在自身不具备起重作业信号指挥资格的情况下，组织并指挥吊装作业，致王某凯无证驾驶脱审的汽车起重机进行违章作业，此为事故发生的间接原因。

王某伟作为汽车起重机所有人，将行驶证脱审、安全装置损坏的机械车辆进行出租租赁，且安排未取得相应驾驶资格的人驾驶该车辆，此为事故发生的又一间接原因。

（3）事故性质

综合事故现场勘验、资料查阅、调查询问、技术分析等情况，认定该事故为一起因安全管理不善、无证人员违章作业、起重设备安全防护缺失所导致的一般生产安全责任事故。

二、高处作业安全

高处作业，指人在一定位置为基准的高处进行的作业。国家标准 GB/T 3608-2008《高处作业分级》对高处作业的解释为："在距坠落高度基准面 2m 或 2m 以上有可能坠落的高处进行的作业。"根据这一规定，在建设行业中涉及高处作业的范围是相当广泛的。

（一）建筑施工中高处作业的基本类型

建筑施工中的高处作业主要包括临边、洞口、攀登、悬空、交叉等五种基本类型。

1. 临边作业

临边作业是指施工现场中，工作面边沿无围护设施或围护设施高度低于 80cm 时的高处作业。下列作业条件属于临边作业：

①基坑周边，无防护的阳台、料台与挑平台等；

②无防护楼层、楼面周边；

③无防护的楼梯口和梯段口；

④井架、施工电梯和脚手架等的通道两侧面；

⑤各种垂直运输卸料平台的周边。

2. 洞口作业

洞口作业是指孔、洞口旁边的作业。在水平方向的楼面、屋面、平台等上面短边小于 25cm(大于 2.5cm) 的称为孔，等于或大于 25cm 的称为洞。在垂直于楼面、地面的垂直面上，则高度小于 75cm 的称为孔，高度等于或大于 75cm，宽度大于 45cm 的均称为洞。凡深度在 2m 及 2m 以上的桩孔、人孔、沟槽与管道等孔洞边沿上的高处作业都属于洞口作业。

建筑物的楼梯口、电梯口及设备安装预留洞口等 (在未安装正式栏杆、门窗等围护结构时)，还有一些施工需要预留的上料口、通道口、施工口等，凡是在 2.5m 以上，洞口若没有防护时，就有造成作业人员高处坠落的危险；或者若不慎将物体从这些洞口坠落时，还可能造成下面的人员发生物体打击事故。

3. 攀登作业

攀登作业是指借助建筑结构或脚手架上的登高设施或采用梯子或其他登高设施在攀登条件下进行的高处作业。

在建筑物周围搭拆脚手架，张挂安全网，装拆塔机、龙门架、井字架、施工电梯、桩架，登高安装钢结构构件等作业都属于攀登作业。

4. 悬空作业

悬空作业是指在周边临空状态下进行高处作业。其特点是在操作者无立足点或无牢靠立足点条件下进行高处作业。

建筑施工中的构件吊装，利用吊篮进行外装修，在悬挑或悬空梁板、雨棚等特殊部位支拆模板、扎筋、浇砼等项作业都属于悬空作业，由于是在不稳定的条件下施工作业，危险性很大。

5. 交叉作业

交叉作业是指在施工现场的上下不同层次，于空间贯通状态下同时进行的高处作业。

现场施工上部搭设脚手架、吊运物料、地面上的人员搬运材料、制作钢筋，或外墙装修下面打底抹灰、上面进行面层装饰等，都是施工现场的交叉作业。交叉作业中，若高处作业不慎碰掉物料，失手掉下工具或吊运物体散落，都可能砸到下面的作业人员，发生物体打击伤亡事故。

（二）高处作业存在的风险

①高处坠落（安全带、安全绳缺失，梯具不稳，吊绳老化断裂）；

②触电（带电作业或不慎接触高空电源线路）；

③引起火灾（高处作业涉及焊接等动火作业）；

④物体打击（作业工具、材料坠落对下方人员造成伤害）。

（三）预防高处坠落的安全技术措施

1. “三宝”防护措施

安全帽、安全带、安全网在建筑安装工程施工中，挽救了无数的生命，它被广大职工认为是安全“三宝”。因此，在施工现场的人员应做到：进入施工现场的职工要戴安全帽；高空作业人员须系安全带；高处作业点的下方必须设安全网。

安全“三宝”

2.“四洞口、五临边”防护

做好“四洞口”防护。“四洞口”在建设行业中指：楼梯口、电梯口、预留洞口和出入口(也称通道口)。在楼梯口、电梯口、预留洞口，设置围栏、盖板、开启式金属防护门、架网；在混凝土预制板预留的洞口上，预制时即预埋钢筋网，设备安装时再剪掉预埋的钢筋网；正在施工的建筑物出入口和井字架、门式架进出入口，必须搭设符合标准的防护棚。

做好“五临边”防护。建筑施工中，大量存在着临时性的危险边沿，这是发生作业人员坠落的主要坠落点之一。例如，尚未安装栏杆的阳台周边，无外架防护的屋面周边，框架工程楼层周边，上下跑道、斜道、两侧边，卸料平台的外侧边等，简称“五临边”。“五临边”必须设置 1.2m 高的双层围栏（每层 60cm）或搭设安全立网，既可防止人员坠落，也可防止各种物料坠落伤人。

常见防护示意图

3. “架子把住 10 道关”

脚手架在建筑安装工程施工中是一项不可缺少的重要工具，万一脚手架发生故障，往往会造成多人重大伤亡事故。因此，对各种脚手架必须认真把好以下 10 道关：

①材质关，严格按规定的质量、规格选择材料；

②尺寸关，必须按规定的间距尺寸搭设立杆、横杆、剪刀撑、栏杆等；

③铺板关，架板必须满铺，不得有空隙和探头板、飞跳板，并经常清除板上杂物，保持清洁、平整。木跳板厚度必须达到 5cm；

④栏护关，脚手架外侧和斜道两侧设 1m 高的栏杆和立网；

⑤连接关，必须按规定设剪刀撑和支撑，高于 7m 的架子必须连接牢固，不得摇晃；

⑥承重关，脚手架均布载荷不超过 27MPa，如超载，应采取加固措施以保证安全；

⑦上下关，必须为工人上下架子搭设马道或阶梯，严禁施工人员从架上爬上爬下，造成坠落事故；

⑧雷电关，必须做好脚手架的避雷和防电设施；

⑨挑梁关，悬吊式吊篮脚手，除吊篮按规定加工、设篮护和立网外，挑梁架搭设要平坦和牢固；

⑩检验关，各种架子搭好后，工长必须组织架工和使用工种共同检查验收，验收合格后方可上架操作，使用时，特别是大风、雷后，要检查架子是否稳固，发现问题要及时加固，确保使用安全。

4. “屋面天棚有措施”

在天棚和轻型屋面上操作、行走十分危险。因此，凡在天棚和轻型屋面上操作、行走前，必须在上面搭垫板，在下方满铺安全网。

5. “梯子牢固又坚固”

由于梯子不牢固发生的高处坠落事故是较多的，因此要求：

①梯子要牢；

②踏步 30cm~40cm；

③与地面夹角 60°~70° ；

④底脚要有防滑措施；

⑤顶端捆扎牢固或设专人扶梯。

以案说法

2002 年 2 月 20 日上午，某厂 5、6 号机组续建工程现场，屋面压型钢板安装组 5 名工人张某、罗某某、贺某某、刘某某、代某某在 6 号主厂房屋面板安装压型钢板。在施工中未按要求对压型钢板进行锚固，即向外安装钢板，在安装推动过程中压型钢板两侧（张某某、罗某某、贺某某在一侧，刘某某、代某某在另一侧）用力不均。致使钢板一侧突然向外滑移，带动张某某、罗某某、贺某某 3 人失稳坠落至三层平台死亡，坠落高度 19. 4 米。

事故原因：

1. 临边高处悬空作业，不系安全带。

2. 违反施工工艺和施工组织设计要求进行施工。根据施工组织设计要求，铺设压型钢板一块后，应首先进行固定，再进行翻板，而实际施工中既未固定第一张板，也未翻板，而是采取平推钢板，由于推力不均从而失稳坠落。

3. 施工作业面下无水平防护（安全平网），缺乏有效的防坠落措施。

4. 教育培训不够，工人安全意识淡薄，违章冒险作业。

5. 项目部安全管理不到位，专职安全员无证上岗，项目部当天的高处作业未安排专职安全员监督检查，致使违章和违反施工工艺的行为未能及时发现和制止。

6. 施工组织设计、方案、作业指导书中的安全技术措施不全面。没有对锚固、翻板、监督提出严格的约束措施，落实按工序施工不力，缺少水平安全防护措施。

防范措施：

1. 凡参加高处作业人员必须身体合格，患有高血压、视力和听力严重障碍的人员，一律不准从事高处作业。

2. 高空作业衣着要灵便，禁止穿硬底和带钉易滑的鞋。

3. 登高 2 米及以上或无立足点时必须系安全带，安全带必须检验合格，系在牢固可靠的地方。

4. 不得将机具及物料放到脚手架平台临边。

5. 高处作业时，对拆卸下的物料及垃圾要及时清理和运走，不得在脚手架平台上任意乱放和向下丢弃。

6. 高处作业工具应随手放入机具袋内。

7. 高处作业中发现安全设施有缺陷和隐患必须及时解决，危及人身安全时必须停止作业。

三、焊接作业安全

施工现场的焊接作业主要包括电焊和气焊两种，均属于特种作业。

（一）焊接作业一般安全要求

（1）参加焊接作业的人员必须经过专业培训，经考试合格取得特种作业操作证后方可上岗。

（2）操作应穿焊接工作服、绝缘鞋，戴电焊手套、防护面罩等安全防护用品。

（3）工作场所要保持适当通风，排除有害气体及烟尘。

（4）在人员密集场所进行焊接作业，要设置挡光屏。

（5）进行作业前，应检查作业环境，要确认在 10 米范围内及其下方不会因火花飞溅接触到易燃物品。如不能保证时应设置监护人员。

（6）在焊接工作场所，必须有防火设备，如消防栓、灭火器、沙箱以及装满水的水桶等。

（7）焊接作业前，必须办理好动火作业审批手续，审批完成后方可进行作业。

（8）作业结束必须拉闸断电，并将焊线和地线分开，要仔细检查焊接场地周围，确认没有起火危险后，方可离开现场。

（二）气焊设备的安全要求

（1）氧气瓶（乙炔瓶）要竖直使用，专用扳手要挂在减压阀上。

（2）氧气瓶（乙炔瓶）的减压阀要做定期检查，严禁使用不合格的减压阀。

（3）氧气瓶（乙炔瓶）要防止阳光暴晒。

（4）在严寒季节，氧气瓶（乙炔瓶）塑性降低搬运时避免冲击和碰撞。严禁用明火加热。

（5）必须配备消防器材（干粉灭火器、二氧化碳灭火器）。

（6）氧气瓶（乙炔瓶）要装回火防止器。

（7）氧气瓶（乙炔瓶）与明火的距离应在 10 米以上。如条件限制，也不准低于 5 米，并应采取隔离措施。

（8）氧气瓶与乙炔瓶的距离应保持 5 米以上。

以案说法

某厂气焊工甲与水暖工乙进行上、下水管大修工作。乙开启减压器上的氧气阀门，氧气突然冲出，将接在减压器出气嘴上的氧气胶管冲落，正好打在乙的左眼上，将眼球击裂失明。

主要原因分析：

(1) 瓶内氧气压力较高，开启阀门过大，使氧气猛烈冲出。

(2) 氧气胶管与减压器的连接部位扎得不牢。

(3) 水暖工乙不懂气焊安全操作知识，开启阀门过猛，且又站在氧气出口方向，属违章作业，酿成事故。

（三）“十不焊接”

为了防止意外事故的发生，现场焊接作业应做到“十不焊接”：

①不是焊工即没有焊接特种作业操作证的人员不能焊接；

②重点要害部门及重要场所未经消防、安全部门批准，未落实安全措施不能焊接；

③不了解焊接地点及周围、内部情况（是否停电、是否带压、是否有易燃易爆物品等）不能焊接；

④盛装过易燃易爆液体、气体的容器（钢瓶、油箱、槽车、储罐等），未经彻底“扫气”（用压缩空气或惰性气体进行气体置换）和碱洗（用火碱水蒸煮清洗残留积垢），不能焊接；

⑤用可燃材料（如塑料、木屑、软木、秸秆等）作保温层、隔音、隔热的部位，无论其可燃材料在里面或是在外部，或者火星能飞溅到的地方，在未采取切实可靠的安全措施之前不能焊接；

⑥有压力或密封的导管、容器等未卸压之前不能焊接；

⑦高空作业即焊接无“三保”措施（安全帽、安全带、安全网）不能焊接；

⑧焊接部位附近10米之内有易燃易爆物品存放、搬运和使用时，在未作清理或采取有效安全措施之前不能焊接；

⑨附近存在与明火作业相抵触的工种在作业（如油漆作业等）或有易燃易爆物飘落、扩散以及与其有沟壕、门窗、管道相通的情况不能焊接；

⑩所有临时性作业未经消防、安全部门批准并签发动火证者不能焊接。

以案说法

上海市静安区胶州路公寓大楼“11·15”特别重大火灾事故

一、事故基本情况

上海市静安区胶州路728号公寓大楼所在的胶州路教师公寓小区于2010年9月24日开始实施节能综合改造项目施工，建设单位为上海市静安区建设和交通委员会，总承包单位为上海市静安区建设总公司，设计单位为上海静安置业设计有限公司，监理单位为上海市静安建设工程监理有限公司。施工内容主要包括外立面搭设脚手架、外墙喷涂聚氨酯硬泡体保温材料、更换外窗等。

上海市静安区建设总公司承接该工程后，将工程转包给其子公司上海佳艺建筑装饰工程公司（以下简称佳艺公司），佳艺公司又将工程拆分成建筑保温、窗户改建、脚手架搭建、窗户拆除、外墙整修和门厅粉刷、线管整理等，分包给7家施工单位。其中上海亮迪化工科技有限公司出借资质给个体人员张利分包外墙保温工程，上海迪姆物业管理有限公司（以下简称迪姆公司）出借资质给个体人员支上邦和沈建丰合伙分包脚手架搭建工程。支上邦和沈建丰合伙借用迪姆公司资质承接脚手架搭建工程后，又进行了内部分工，其中支上邦负责胶州路728号公寓大楼的脚手架搭建，同时支上邦与沈建丰又将胶州路教师公寓小区三栋大楼脚手架搭建的电焊作业分包给个体人员沈建新。

2010年11月15日14时14分，电焊工吴国略和工人王永亮在加固胶州路728号公寓大楼10层脚手架的悬挑支架过程中，违规进行电焊作业引发火灾，造成58人死亡、71人受伤，建筑物过火面积12000平方米。

二、事故原因

直接原因：在胶州路728号公寓大楼节能综合改造项目施工过程中，施工人员违规在10层电梯前室北窗外进行电焊作业，电焊溅落的金属熔融物引燃下方9层位置脚手架防护平台上堆积的聚氨酯保温材料碎块、碎屑引发火灾。

间接原因：一是建设单位、投标企业、招标代理机构相互串通、虚假招标和转包、违法分包。二是工程项目施工组织管理混乱。三是设计企业、监理机构工作失职。四是上海市、静安区两级建设主管部门对工程项目监督管理缺失。五是静安区公安消防机构对工程项目监督检查不到位。六是静安区政府对工程项目组织实施工作领导不力。

三、对事故有关责任人员及单位依法依纪进行了严肃处理

根据国务院批复的意见，依照有关规定，对54名事故责任人作出严肃处理，其中26名责任人被移送司法机关依法追究刑事责任，28名责任人受到党纪、政纪处分。同时，责成上海市人民政府和市长韩正分别向国务院作出深刻检查。由上海市安全生产监督管理局对事故相关单位按法律规定的上限给予经济处罚。

四、用电安全

（一）安全电压

安全电压就是人体触及时不会发生触电事故的电压，分为42V、36V、24V、12V、6V五级。根据不同的作业条件，安全电压的采用范围有着不同的规定，具体如表4-1所示。

表4-1　安全电压采用范围规定

采用范围	应用环境
42V、36V	无特殊安全结构或安全措施的危险环境
24V、12V	特别潮湿、狭窄以及周围有大面积接地导体的环境，如金属容器、隧道、矿井等
6V	水下作业等场所

（二）导体上的颜色标志

为了避免涉电作业时的误判断、误操作，应熟记以下导体颜色标志，

见表 4-2。

表 4-2 导体上的颜色标志

类别	导体名称	标准
交流电路	U（火线1）	黄
	V（火线2）	绿
	W（火线3）	红
	N（零线）	淡蓝
直流电路	正极	棕
	负极	蓝
保护接地线	PE	绿黄双色线

（三）触电伤害

1. 触电伤害的种类

触电事故中的电流会对人体产生生理和病理的伤害，这种伤害是多方面的，一般来说可以分为以下两种。

表 4-3 触电伤害的种类

种类	特征	危害
电击	常会给人体上留下明显的电标、电纹、电流斑等	是最危险的伤害，致使人体产生痉挛、刺痛、心室颤动等现象，致死率高
电伤	常见电灼伤、电烙印和皮肤金属化等	电灼伤会把皮肤烧伤致使组织破坏，电烙印常会造成身体局部麻木

2. 影响触电伤害大小的因素

影响人体触电受伤害大小的因素主要有以下五个方面，我们每一个人都应熟知这些因素，以便准确应对触电事故，尽量减少事故的伤害：

①电流大小，通过人体的电流越大，危害越大；

②作用时间，电流通过人体的时间越长，危害越大；

③作用部位，电流通过人体的部位中经过心脏的危害最大；

④电流频率，一般认为 25~300Hz 的电流对人体最危险，低于或高于此频率段的电流其危险性将降低；

⑤身体状况，对身体健壮的人危害稍小些。

以案说法

北京曾经发生过一起事故，一位老人在家中用洗衣机洗衣服，当家人下班回来，发现老人已经触电身亡，他们家里安装的漏电保护器是 30 毫安的却没有动作。

原因是当时的漏电没有达到该漏电保护器动作的电流，也就是肯定没有超过 30 毫安。但由于老人身体比较弱，而且长时间漏电作用，在这样一个电流下导致了死亡。

（四）触电事故的类型

1. 单相触电

单相触电是人体接触带电装置的一相而引起的触电。按照变压器低压侧中性点是否接地来划分，单相触电有以下两种形式。

（1）中性点接地：电流从一根相线经过电气设备、人体，再经大地到中性点，此时加在人体上的电压是相电压，足以致命。

（2）中性点不接地：电流经电气设备，通过人体到另外两根相线的对地绝缘电阻和分布电容而形成回路，此时因绝缘电阻较大，危害较小。

2. 两相触电

在两相触电事故中，人体两处同时触及同一电源的两相带电体，线电压直接作用在人体上，因此，无论触电者是否穿了绝缘鞋，电网中性点是否接地，其触电的危险都很大，轻则可引起触电烧伤或导致残疾，重则可致命，致死时间只需 1~2 秒。

3. 跨步触电

当架空线路的一根带电导线断落在地上时，落地点与带电导线的电势相同，电流就会从导线的落地点向大地流散，于是地面上以导线落地点为中心，形成了一个电势分布区域，离落地点越远，电流越分散，地面电势也越低。如果人或牲畜站在距离电线落地点 8~10 米以内就可能发生触电事故，这种触电叫作跨步电压触电。

人受到跨步电压时，电流虽然是沿着人的下身，从脚经腿、胯部又到脚与大地形成通路，没有经过人体的重要器官，好像比较安全，但是实际并非如此！因为人受到较高的跨步电压作用时，双脚会抽筋，使身体倒在地上。这不仅使作用于身体上的电流增加，而且使电流经过人体的路径改变，完全可能流经人体重要器官，如从头到手或脚。经验证明，人倒地后电流在体内持续作用 2 秒钟，这种触电就会致命。

延伸阅读

小鸟站在高压线上为什么不会被电死？

小鸟能在高压线上安全站立，是因为小鸟的两只脚抓在同一根导线上，同一根电线不存在电压差，因此产生不了电流。触电要满足两个条件：一是有电压，二是有电流回路。

（五）个人用电防护

1. 安全自省

在用电安全防护措施中，提高个人安全意识是最首要的任务。为此，在工作过程中，工作人员应先扪心自问以下五个问题：

①我是否具备从事此项工作所需的技能和知识？

②我是否得到从事该项工作的许可，是否持有相应的证书？

③我是否了解此项工作的风险，并做好了应对方案？

④我是否确认过我的活动不会影响其他人员的安全？

⑤我是否使用了正确的个人防护用品？

2. 身体防护

穿戴绝缘防护用具（绝缘安全帽、绝缘服、绝缘手套、绝缘鞋等）可以有效避免人体触电的伤害。在使用绝缘防护用具时，应注意以下事项：

①检查用具是否超过有效使用期，不得使用过期用具；

②确认用具型号、规格、生产厂家等标记清晰、完整；

③用具须通过预防性试验，工频耐压和泄漏电流试验应合格；

④保持用具的干燥，谨防受潮；

⑤查看用具外观是否完好无缺，有破损或漏气现象的，应禁止使用；

⑥不允许将用具放在过热、过冷、阳光直射和有化学药品的地方。

在进行带电作业前，作业人员要将各种安全防护用具按要求穿戴好，以便充分发挥防护用具的作用，保障自身的作业安全。

（六）电气设备防护

1. 绝缘

绝缘防护是对电气设备最基本的安全防护措施，它可以有效地将带电导体与人体隔离开来，常见的绝缘防护可采用电线电缆绝缘层、绝缘胶带、绝缘子、电线管及管件、工具绝缘手柄等。施工现场所有电气设备和线路的绝缘必须良好，接头不准裸露。

2. 屏护

屏护是指采用护罩、护盖、箱柜、遮栏、栅栏等把危险的带电体同外界隔离的安全防护措施。它在防止人体接触带电体的同时，还有防止短路及故障接地的作用。

屏护装置主要用在防护式开关电器的可动部分和高压设备上。为了保证屏护装置的有效性，防止触电事故的发生，屏护安全措施应与其他安全措施配合使用：

①凡用金属材料制成的屏护装置，为了防止其意外带电，必须接地或接零；

②屏护装置本身应有足够的尺寸，其与带电体之间应保持必要的距离；

③被屏护的带电部分应有明显的标志，使用通用的符号或涂上规定的具有代表意义的专门颜色；

④在遮栏、栅栏等屏护装置上，应根据被屏护对象挂上“止步，高压危险”或“当心有电”等警告牌；

⑤采用信号装置和联锁装置，即用光电指示“此处有电”，或当人越过屏护装置时，被屏护的带电体自动断电。

延伸阅读

在正常情况下电气设备的金属外壳与带电部分是绝缘的，外壳上不会带电，但如果电器内部绝缘体老化或损坏，电就可能传到金属外壳上来，如果外壳不接地，这时人若碰上去就会触电，若金属外壳接地了，电流就会通过地线流入大地，人碰上带电的金属外壳就不会触电了。接地就是用一根较粗的电线（最好是铜线，铝线容易被腐蚀或碰断，一般不能用作地线），把它的一头接在电器外壳上，另一头接在埋入地下一定深度并有一定长度的角钢上，通常这根连接线也叫地线。

以案说法

无保护接地或接零措施导致的触电死亡事故

事故经过：陈某上班后清理场地，由于电焊机绝缘损坏使外壳带电，从而使在电气上连成一体的工作台也带电。当陈某将焊接好的钢模板卸下来时，手与工作台接触，即发生触电事故，陈某被送往医院，经抢救无效死亡。

原因分析：由于电焊机的接地线过长，在前一天下班清扫场地时被断开，电焊机绝缘损坏，外壳带电，所以造成单相触电事故。电气管理不严，缺乏定期检查。

事故教训及防范措施：接地或接零线是保证用电人员安全的生命线。当移动电器外壳带电时，若采用了保护接地或保护接零，就能使线路上的漏电保护器、自动开关或熔断器动作或熔断，自动脱离电源，从而保证人身安全。

3. 间距

间距是指人与带电体、带电体与带电体、带电体与地面（水面）、带电体与其他设施之间需保持的最小距离，又称安全距离、安全间距。

安全距离分为线路安全距离、变配电设备安全距离和检修安全距离。

延伸阅读

线路安全距离指导线与地面（水面）、杆塔构件、跨越物（包括电力线路和弱电线路）之间的最小允许距离。变配电设备安全距离指带电体与其他带电体、接地体、各种遮栏等设施之间的最小允许距离。检修安全距离指工作人员进行设备维护检修时与设备带电部分间的最小允许距离。

上述三种安全距离中，检修安全距离与工作人员的关系最为密切，需要我们重点关注。该距离又可分为设备不停电时的安全距离、工作人员工作中正常活动范围与带电设备的安全距离、带电作业时人体与带电体间的安全距离三种情况，假设检修人员到带电体的实际距离为 L，设备不停电时的安全距离为 A、工作人员工作中正常活动范围与带电设备的安全距离为 B、带电作业时人体与带电体间的安全距离为 C，则检修安全距离的特点及关系如下表所示。

表 4-4 检修安全距离的特点及关系

检修安全距离	带电体电压					特点
	≤10 kV	35 kV	110 kV	220 kV	500 kV	
A	0.7 m	1.0 m	1.5 m	3.0 m	5.0 m	在移开了设备遮拦的情况下，当L≥A时，检修人员可在设备不停电情况下工作
B	0.4 m	0.6 m	1.5 m	3.0 m	5.0 m	当L＜B时，设备必须停电检修；当带电体位于检修人员前面，设备设有牢固遮拦，且B≤L＜A时，检修人员可在设备不停电情况下工作
C	0.4 m	0.6 m	1.0 m	1.8 m	3.6 m	未经主管领导同意，未采取可靠措施的，都不得放宽C的数值

以案说法

事故经过：2007 年 11 月 13 日，王某发现单位会议室日光灯有两个不亮，于是自己进行修理。他将桌子拉好，准备将日光灯拆下检查是哪里出了毛病，在拆日光灯过程中，他用手拿日光灯架时手接触到带电相线，被电击，由于站立不稳，从桌子上掉了下来。

事故原因分析：王某安全思想意识淡薄，维修电器时没有采取必要的防范措施，带电作业，也没有使用任何工具，是造成事故的直接原因；王某独自操作，没有人监护，是事件发生的间接原因。

事故责任划分：王某安全意识淡薄，在没有维修工具且带电的情况下维修日光灯，对事故负主要责任；会议室内日光灯损坏，领导没有及时发现并联系服务公司维修，对事故负领导责任。

事故防范措施：加强对安全知识的学习，提高安全意识；操作、维护电气线路及设备时，要严格执行停送电制度；正确使用防护用品、工具，不独立作业，要做到“一人监护、一人作业”。

4. 漏电保护

漏电保护是一项更完善的防止人体触电的保护技术。它以漏电保护器的形式提前或及时切断故障线路，保护人身安全。从形式及功能上，漏电保护器一般可分为漏电保护继电器、漏电保护开关和漏电保护插座三种。

表 4-5　漏电保护器的形式和功能

形式	功能
漏电保护继电器	只有漏电检测和判断功能，不具备开闭电路功能
漏电保护开关	同时具备漏电检测、判断和开闭电路的功能
漏电保护插座	兼具漏电开关和插座的功能，适用于移动电器和手持式电动工具

施工现场所有的电气设备必须安装漏电保护器，漏电保护器安装在电气设备负荷线首端。使用漏电保护器时应注意：

①使用前由电工检测，确认合格；

②不得用漏电保护器直接代替电闸开关使用；

③漏电保护器发生掉闸时，不能强行合闸，应由电工查明原因，排除故障后，才能继续使用。

以案说法

违章操作造成触电死亡事故

2006年6月，某公司车间发生一起维修电工因违章操作而发生触电伤亡的重大安全事故。

事故经过：6月16日下午7时，车间B线白班生产已经结束，该线维修班全面进入各机台清理卫生和设备维护、保养阶段。维修班长根据车间要求安排一名维修电工（持证电工）到该线洗瓶机前捡烂口瓶岗位安装一台挂壁式风扇。该风扇的悬挂固定装置在安装之前已经安装好，故本次安装只需将风扇电源线接通即可。该名电工到达作业现场后先将风扇挂在固定座上，由于装设风扇的输瓶线离地面高约1.55米，再加上装设风扇的固定座，总的高度约1.85米，要顺利操作必须登高，而装风扇的岗位处正好有一只铁座椅，而其踏脚座离地面也只有30厘米左右，于是该电工便站在座椅的踏脚座上进行操作。由于控制电源离操作位置相对较远，该电工为图方便便在该岗位的检验灯上面没有停电而直接跨接电源线，在操作时造成触电，由于倒地时其后脑勺着地造成致命伤害，经市人民医院抢救无效死亡。

事故原因分析：操作工在带电跨接电源线过程中，手部碰及裸露的电线而发生触电，是造成这起事故发生的直接原因。操作工在工作中违反安全操作规程和安全用电的有关要求，没有及时采取停电接电源线而违规带电操作，同时在操作中没有按要求穿绝缘鞋是造成这起事故发生的主要原因。现场安全管理存在漏洞，对员工安全教育不够，是造成这起事故发生的管理原因。

（七）触电急救

如果发生了触电事故，就要以最快的速度开始进行抢救，时间就是生命。触电后需要采取快速、原地、正确、持续性的抢救原则。快速就是争分夺秒，使患者马上脱离电源，而原地就是要在当场就进行抢救，切勿长途运送，这样很可能会耽误最佳的抢救时间，造成抢救无效。也就是说触电急救的第一步是使触电者迅速脱离电源，第二步是现场救护。

1. 脱离电源

（1）使触电者脱离低压电源的方法

“拉”，指就近拉开电源开关，拔出插销或瓷插保险。切不可直接拉扯伤者，必须首先切断电源。

“切”，指用带绝缘的利器切断电源线。

“挑”，指如果导线搭落在触电者身上或身下时，可用干燥的木棍、竹竿等挑开导线或用干燥的绝缘绳套拉导线或触电者，使之脱离电源。

“拽”，救护人可戴上手套或在手上包缠干燥的衣服、围巾、帽子等绝缘物品拖拽触电者，使之脱离电源。

“垫”，如果导线缠绕在触电者身上，救护人员可先用干燥的木板塞近触电者身上，使其与地绝缘来隔断电源通路，然后再采取其他办法把电源切断。

（2）触电者脱离高压电源的方法

立即采用通信工具向有关部门报警，以便尽快停电。

如果电源开关离现场较近，可戴上绝缘手套及穿上绝缘鞋拉开高压断路器，或用绝缘棒拉开高压跌落保险以切断电源。

2. 现场救护

若触电者呼吸和心跳均未停止，此时应让触电者躺平，就地安静休息，不要让触电者走动，以减轻心脏负担，并应严密观察触电者呼吸和心跳的变化。

若触电者心跳停止、呼吸尚存，则应对触电者做胸外按压。

若触电者呼吸停止、心跳尚存，则应对触电者做人工呼吸。

若触电者呼吸和心跳均停止，应立即按心肺复苏方法进行抢救。

五、现场防火

我国消防工作的方针是“预防为主，防消结合”。“预防为主”就是要把预防火灾的工作放在首要的地位，要开展防火安全教育，提高人民群众对火灾的警惕性；健全防火组织，严密防火制度，进行防火检查，消除火灾隐患，贯彻建筑防火措施等；只有抓好消防防火，才能把可能引起火灾的因素消灭在起火之前，减少火灾事故的发生。“防消结合”就是在积极做好防火工作的同时，在组织上、思想上、物质上和技术上做好歼灭火情战斗的准备；一旦发生火灾，就能迅速地赶赴现场，及时有效地将火灾扑灭。“防”和“消”是相辅相成的两个方面，是缺一不可的，因此，这两方面的工作都要积极做好。

（一）火灾预防

1. 发生火灾的条件

发生火灾必须同时具备以下三个条件：

（1）存在可燃物。不论固体、液体、气体，凡能与空气中的氧气或其他氧化剂起剧烈化学反应的物质都是可燃物，如木材、纸张、汽油、酒精等。

（2）要有助燃物。凡能帮助和支持燃烧的物质都叫助燃物，如空气、氧气或氧化剂等。

（3）有着火源。凡能引起可燃物燃烧的热能源就叫着火源，如明火、火星、电火花、高温物体、光能等。

2. 防火的基本措施

了解了火灾发生的条件，就可通过控制可燃物、隔绝助燃物、消除着火源、阻止火势蔓延等措施来预防火灾的发生，具体见表 4-6.

表 4-6　防火的基本措施及其说明

措施	说明
控制可燃物	用非燃或不燃材料代替易燃或可燃材料；采取局部通风或全部通风的方法，降低可燃气体、蒸汽和粉尘的浓度；对能相互作用发生化学反应的物品分开存放
隔绝助燃物	使可燃性气体、液体、固体不与空气、氧气或其他氧化剂等助燃物接触，即使有着火源，也因为没有助燃物参与而不致发生燃烧
消除着火源	严格控制明火、电火花及防止静电、雷击引起火灾
阻止火势蔓延	防止火焰或火星等火源窜入有燃烧爆炸危险的设备、管道或空间，或阻止火焰在设备和管道中扩展，或者把燃烧限制在一定范围不致向外延烧

3. 现场作业一般消防要求

在现场作业的人员要学习和掌握防火及消防工作的基本知识，遵守《建设工程施工现场消防安全技术规范》和工地防火规章制度，现场作业的一般消防要求如下。

（1）配齐灭火、疏散设施设备。施工单位要严格按照《建设工程施工现场消防安全技术规范》，配备灭火器、临时消防给水系统等设施设备，设置临时疏散通道、应急照明、临时消防车通道、临时消防救援场地等灭火疏散设施、场地，定期开展巡查检查，确保完整好用。

（2）确保临时用房的消防安全条件。严禁在施工区域设置人员居住房间。使用金属彩钢板搭建施工现场临时用房时，办公室、宿舍、发电机房、变配电房、厨房操作间、可燃物品库房必须使用燃烧性能等级为A级的板材，对于已经搭建但板材燃烧性能不符合要求的，必须立即停止使用。

以案说法

2012年10月10日，中铁十八局集团隧道工程有限公司周至县境内引水工程项目经理部承建的秦岭隧洞6号勘探试验洞主洞延伸段工程项目工地生活区民工宿舍发生重大火灾事故，导致13人死亡，25人受伤，直接经济损失1183.86万元。

起火建筑为一幢3层彩钢板结构活动板房，属于临时建筑，总建筑面积约为1400平方米，主要用于施工人员住宿，有173张床位。经核查，该建筑无论是从每层的建筑面积、材料防火性能、安全疏散通道设置，还是灭火器材配置、临时消防设施设置等诸多方面，都严重违反了国家《建设工程施工现场消防安全技术规范》的规定要求。

根据调查事实和有关法纪规定，对秦岭隧洞6号勘探试验洞主洞延伸段工程项目5名事故直接责任人移送司法机关处理。对中铁十八局集团隧道工程有限公司和陕西省引汉济渭工程协调领导小组办公室、陕西大安工程建设监理有限责任公司等责任单位相关责任人都做出了相应处理。

（3）严格用火、用电安全管理。焊接、切割等动火作业人员必须具备相应资质，动火前应当进行动火审批，实地确认作业现场及周边的可燃物已经清除，无法移除的可燃物已采用不燃材料覆盖方可批准动火，动火现场必须配备灭火器材并安排监护人进行现场监护，动火结束后应检查确认无火灾危险性后方可撤离。施工现场供用电设施的设计、施工、运行和维护应符合《建设工程施工现场供用电安全规范》的有关规定，并由具备相应资质的人员进行安装铺设，严禁私自改装现场供用电设备，电气设备应当与可燃、易燃物品保持安全距离，距配电屏 2 米范围内不得堆放可燃物。

（4）易燃易爆物品仓库的设置。对易引起火灾的仓库，应将库房内、外按 500 平方米的区域分段设立防火墙，把建筑平面划分为若干个防火单元，以便失火后能阻止火势的扩散。仓库应设在水源充足、消防车能驶到的地方。同时，根据季节风向的变化，应设在下风方向。

（5）油漆工防火安全要求。无论油漆的作业场地或临时存放的库房，都要严禁动用明火。室内作业时，一定要有良好的通风条件，照明电气设备必须使用防爆灯头，禁止穿钉鞋出入现场，严禁吸烟，周围的动火作业要在 10 米以外。

（6）建筑工地要贯彻执行工完场清。尤其是对木制品的刨花、锯末、料头、防火油毡纸头、沥青，冬季施工的草袋子、稻壳子、苇席子和外墙保温材料等，要随干随清，做到工完场清。各类材料都要码放成垛，整齐堆放。

（7）冷底子油配制要求。冷底子油是防水所使用的沥青与水泥砂浆在涂抹基层起结合作用的渗透材料。这种材料是由汽油或柴油配制而成的，挥发性强，闪点低，所以在进行冷底子油作业时通风必须良好，周围严禁烟火，绝对不允许在附近进行电、气焊或其他动火作业。若是室内作业，照明必须符合防爆要求。

以案说法

2015 年 5 月 25 日晚间，位于鲁山县城西琴台办事处三里河村的康乐园老年公寓发生火灾。火灾发生在晚上 7 点多钟，至少有 10 多间房子被烧毁，大火燃烧了 1 个多小时后被扑灭。事故造成 38 人死亡、4 人轻伤、2 人重伤。

直接原因：康乐园老年公寓不能自理区电器线路接触不良发热，高温引燃周围的电线绝缘层、聚苯乙烯泡沫、吊顶木龙骨等易燃可燃材料，造成火灾。建筑物大量使用聚苯乙烯夹芯彩钢板（聚苯乙烯夹芯材料燃烧的滴落物具有引燃性），且吊顶空间整体贯通，加剧火势迅速蔓延并猛烈燃烧，导致整体建筑短时间内垮塌损毁；不能自理区老人无自主活动能力，无法及时自救造成重大人员伤亡。

间接原因：康乐园老年公寓违规建设运营，管理不规范，安全隐患长期存在；地方民政部门违规审批许可，行业监管不到位；地方公安消防部门落实消防法规政策不到位，消防监管不力；地方国土、规划、建设部门执法监督工作不力，履行职责不到位；地方政府安全生产属地责任落实不到位。

（二）火灾扑救

1. 火灾扑救的基本原则

相关人员在进行灭火时，不要慌乱，需遵循以下原则来进行：

扑救早、损失少；

边报警、边扑救；

先控制、后灭火；

先救人、后救物；

防中毒、防窒息；

听指挥、莫惊慌。

2. 常用的灭火方法

为了扑灭大火，常见的灭火方法有抑制灭火法、隔离灭火法、窒息灭火法、冷却灭火法四种，具体见表 4-7。

表 4-7　常见的灭火方法及其具体说明

灭火方法	具体说明
抑制灭火法	将化学灭火剂喷入燃烧区，终止链式反应而使燃烧终止
隔离灭火法	将燃烧物与周围可燃物隔离或者分开，从而使燃烧终止
窒息灭火法	阻止空气流入燃烧区或用不燃烧物质冲淡空气，使燃烧物质得不到足够的氧气而熄灭
冷却灭火法	将灭火剂直接喷洒到燃烧物上，使燃烧物质的温度降低到燃点以下，从而停止燃烧

3. 常用的灭火设备

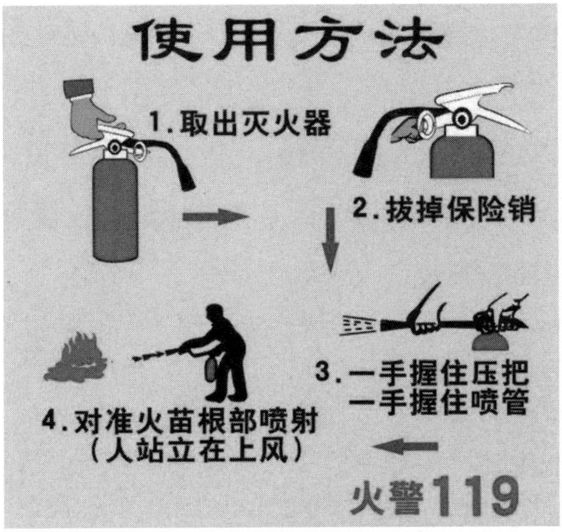

手提式灭火器使用方法示意图

常见的灭火设备包括灭火器和消火栓，只有正确掌握其使用方法，才能迅速将火扑灭。

常用的手提式灭火器一般都为压把式，使用时需在与可燃物一定距离（5米左右）处开启。灭火器使用四字口诀为：拔、握、瞄、扫。拔，即拔掉插销；握，即迅速握住瓶把及橡胶软管；瞄，即瞄准火焰根部；扫，即扫灭火焰部位。

推车式灭火器结构简单，操作灵活，使用方便，具有灭火速度快、效率高、面积大、用量省、毒性低、可持续或间接喷射等特点。具体使用方法如下：

①把推车式灭火器拉或推到现场；

②右手抓喷粉枪，左手顺势展开喷粉胶管至平直，不能弯折或打圈；

③除掉铅封，拔掉保险销；

④用手掌使劲按下供气阀门；

⑤一手把持喷粉枪管托，一手把持枪把，用手指扳动喷粉开关，对准火焰喷射。不断靠前左右摆动喷粉枪，让干粉笼罩住燃烧区。

在一些火灾中，人们仅靠灭火器是难以接近起火点的，这时就要使用消火栓来灭火。使用消火栓灭火，一般需要2~3人配合作业，具体操作方法如下：

①找到消火栓，按下消火栓的门锁，最大角度打开消火栓的门；

②还未进行火灾报警的场合下，可以按下消火栓报警按钮，进行火灾报警，或者拨打119进行报警；

③取出储存在消火栓内的水带，手拿住水带头的位置；

④将出水管头上的凸起对准水带头上的凹槽，顺时针旋转90度旋紧，将水带接到水管头上；

⑤依照上一步的方法，将水带和水锚连接好；

⑥检查一下接头是否接好，最后两个人拿住水锚，将水带伸展开，对准着火点（如果有大风的场合下，尽可能站在着火处的上风向）；

⑦水带伸展开后，第三人接到反馈后，逆时针慢慢打开水阀门，水开始喷出，手持水锚由近及远喷射，实施灭火。

4. 初期火灾扑救

当施工现场出现火险或火灾时，在火情的初期阶段，要立即组织现场人员进行扑救，以防火灾扩大，救火方法要得当。

（1）油料起火不宜用水扑救，可用泡沫灭火器或采用隔离法用沙子压灭火源。

（2）电气设备起火时，应先切断电源，用二氧化碳灭火器灭火，千万不能用水灭火，因电石遇水会放出乙炔造成更严重的后果。

（3）如果化学材料起火，要注意人员安全，防止中毒。

（4）一般的木料、织物等起火，可直接用水或者灭火器，也可采用湿棉被等覆盖在起火物上。

（5）现场出现火险时，要判断准确，当即不能救的要及时报警，请消防部门协助灭火。在消防队到现场后，要及时准确地向消防人员提供电器、易燃易爆物等现场情况说明。

（6）灭火后要保护好火灾现场，并设专人巡视，以防死灰复燃。保护火灾现场也是查找火灾原因的重要措施。

（三）火场逃生

常年来，由于施工单位违规使用可燃、易燃夹芯材料的彩钢板搭建临时用房，不严格落实动火审批制度，违规任用无资质的人员进行电焊、气割作业，未按标准设置消防系统等原因造成施工现场火灾事故频发、人员伤亡惨重。我们一方面要严格加强施工现场消防安全管理，另一方面也要掌握火场自救的一般知识。当现场发生火灾时，作业人员要想办法逃生自救，火场逃生常用的方法如下。

1. 低层跳离法

如果被围困在楼房的二层，若无条件采取其他自救方法或短时间内得不到救助，在烟火威胁、万不得已的情况下，也可以跳楼逃生。但在跳楼之前，应先向地面扔一些棉被、枕头、床垫、大衣等柔软物品，以便“软着陆”。然后再用手扒窗台，身体下垂，头上脚下，自然下滑，以缩小跳落高度，并使双脚首先着落在柔软物上。如果被烟火围困在三层以上的楼房内，千万不要急于跳楼（距地面太高，往下跳时易造成重伤或死亡）。只要有一线生机，就不要冒险跳楼。

2. 通道疏散法

楼房着火时，应根据火势情况，优先选用最便捷、最安全的通道和疏散设施逃生，如疏散楼梯、消防电梯、室外疏散楼梯等。从浓烟弥漫的建筑物通道逃生时，可用湿衣服、湿床单、湿毛毯等将身体裹好，低势行进或匍匐爬行穿过险区。如无其他救生器材，可考虑利用邻近建筑的阳台、平台、屋檐、树木、屋顶、避雷线、落水管等脱险。火灾发生时，切不可使用电梯逃生。

3. 绳索滑行法

当各通道全部被浓烟烈火封锁时，可利用结实的绳子或将窗帘、床单、被褥等撕成条，拧成绳，用水浸湿，然后将其拴在牢固的暖气管道、窗框、床架上，被困人员逐个顺绳索沿墙缓慢滑到地面或下到下一个楼层而脱离险境。

4. 熟悉环境法

对经常工作或居住的建筑物，事先可制定较为详细的火灾逃生计划，进行逃生训练和实地演练。对确定的逃生出口、路线和方法，要让所有的工作人员熟悉、掌握。一旦发生火灾，则按逃生疏散预案顺利逃出火场。当我们外出，走进商场、宾馆、影剧院、歌舞厅等公共场所时，要留心看一看安全出口、灭火器的位置及火灾逃生示意图，以便遇到火灾能及时疏散和灭火。

5. 迅速撤离法

火场逃生是争分夺秒的行动。听到火灾警报或意识到自己被烟火围困时，千万不要迟疑，要立即设法脱险，切不可贪恋财物延误逃生良机。在现实生活中，就有人已经逃离险境，又返回火场抢救财物，导致丧生火场的悲剧。一般来说，火灾初期，烟少、火小，只要迅速撤离，是能够安全逃生的。

6. 毛巾保护法

火灾中产生的一氧化碳在空气中的含量达到 1.28% 时，即可导致人在 1~3 分钟内窒息死亡。同时，燃烧中产生的热空气被人吸入，会严重灼伤呼吸系统的软组织，也会造成人员窒息死亡。许多火灾的受害者就是因有毒有害气体窒息而死。逃生者多数要经过充满浓烟的走廊楼梯间才能离开危险区域。逃生时，可把毛巾浸湿，叠起来捂住口鼻，无水时，干毛巾也行，身边没有毛巾，餐巾、口罩、帽子、衣服也可以替代。实验证明，8 层湿毛巾在 3~5 分钟可以过滤 60% 的一氧化碳气体，穿越烟雾区时，即使感到呼吸困难，也不能将毛巾从口鼻上拿开，否则就会有危险。

7. 暂时避难法

在无路可逃生的情况下，应积极寻找暂时的避难处所，积极争取时间，创造机会逃生。在设有避难间的建筑物内，可利用避难间，躲避烟火的危害。如果处在没有避难间的建筑里，被困人员要创造避难场所与烈火搏斗，求得生存。其方法是：关紧房间临近火势的门窗，关闭中央空调，打开背火面的门窗（但不要打碎玻璃，窗外有烟进来时，要赶紧把窗子关上）。如果门窗缝隙或其他孔洞有烟渗透进来时，要用毛巾、床单等物品堵住或挂上湿棉被、湿毛毯、湿麻袋等不燃、难燃物品，并不断地向迎火的门窗及遮挡物上洒水，最后淋湿房间内的一切可燃物，一直坚持到火灾熄灭。另外，在被困时要主动与外界联系（还应注意应用防火门、防火卷帘门等防火分隔，及启动通风和排烟系统创造生存环境）。如房间有电话、手机，要及时报警，如没有这些通信设备，白天可用彩色醒目的旗子或衣物摇晃、呼救；夜间可摇晃点着的打火机、打开手电筒等向外报警救援，直到消防队来救助脱险或根据火势择机逃生。

8. 标志引导法

在公共场所的墙壁上、门顶等醒目位置，一般都设置有太平门、紧急出口、安全通道、火警电话、逃生方向箭头、事故照明灯等消防标志和事故照明，被困人员看到这些标志时，马上就可以按照标志指示的方向有秩序地撤离逃生。

延伸阅读

火灾逃生自救口诀

逃生预演，临危不乱。

熟悉环境，牢记出口。

通道出口，畅通无阻。

扑灭小火，惠及他人。

镇静辨向，迅速撤离。

不入险地，不贪财物。

简易防护，蒙鼻匍匐。

善用通道，莫入电梯。

缓降逃生，滑绳自救。

避难场所，固守待援。

以案说法

洛阳东都商厦12·25特大火灾事故

洛阳东都商厦始建于1988年12月，1990年12月4日开业，位于洛阳市老城区中州东路，6层建筑，地上4层、地下2层，占地3200平方米，总建筑面积17900平方米。2000年11月，东都商厦与洛阳丹尼斯量贩有限公司（台资企业）合作成立洛阳丹尼斯量贩有限公司东都分店（以下简称东都分店，未经批准），期限10年，拟于12月28日开业。东都商厦二层、三层和地下二层在经营中可使用“丹尼斯量贩”的名称。

2000年12月25日20时许，为封闭两个小方孔，东都分店负责人王某某指使该店员工王某某和宋某、丁某某将一小型电焊机从东都商厦四层抬到地下一层大厅，并安排王某某（无焊工资质证）进行电焊作业，未作任何安全防护方面的交代。王某某施焊中也没有采取任何防护措施，电焊火花从方孔溅入地下二层可燃物上，引燃地下二层的绒布、海绵床垫、沙发和木制家具等可燃物品。王某某等人发现后，用室内消火栓的水枪从方孔向地下二层射水灭火，在不能扑灭的情况下，既未报警也没有通知楼上人员便逃离现场，并订立攻守同盟。正在商厦办公的东都商厦总经理李某某以及为开业准备商品的东都分店员工见势迅速撤离，也未及时报警和通知四层娱乐城人员逃生。随后，火势迅速蔓延，产生的大量一氧化碳、二氧化碳、含氰化合物等有毒烟雾，顺着东北、西北角楼梯间向上蔓延。由于地下一层至三层东北、西北角楼梯与商场采用防火门、防火墙分隔，楼梯间形成烟囱效应，大量有毒高温烟雾以每分钟 240 米左右的速度通过楼梯间迅速扩散到四层娱乐城。着火后，东北角的楼梯被烟雾封堵，其余的 3 部楼梯被上锁的铁栅栏堵住，人员无法通行，仅有少数人员逃到靠外墙的窗户处获救，聚集的大量高温有毒气体导致 309 人中毒窒息死亡。

经调查，东都分店非法施工、施焊人员违章作业是该事故发生的直接原因。此外，东都分店未经工商管理部门批准，施工前也未向消防监督部门申报，施工本身属于非法施工。东都商厦消防安全管理混乱、对长期存在的重大火灾隐患拒不整改是事故发生的主要原因。娱乐城无照经营、超员纳客，政府有关职能部门监督管理不力是事故发生的重要原因。另外，政府和有关部门违规行政，使丹尼斯量贩有限公司违规设立，东都分店违法筹建。

水火无情，消防安全工作一刻不容放松。一旦发生火灾，不仅造成财物的重大损失，更是危及自身的生命安全。“隐患险于明火、防范胜于救灾、责任重于泰山”，纵观每一起火灾事故案例，哪一起不是消防安全意识淡薄、违反操作规程酿成的恶果呢？哪一起不是对漠视生命、追求一时利益的惩罚呢？“前事不忘、后事之师”，让我们携手共筑全民防火的铜墙铁壁，珍爱生命，远离火灾！